Socialismo Muerte de América

Socialismo Muerte de América.

Apoderándose de Estados Unidos Libertad y Justicia para Nadie.

Billy Grinslott.

Billy Grinslott

Socialismo Muerte de América

ISBN: ISBN: 9781957881164

Billy Grinslott

Socialismo Muerte de América

DEDICACIÓN

Dedicado to Everyone Who Loves América

Billy Grinslott

Socialismo Muerte de América

Billy Grinslott

Socialismo Muerte de América

CAPÍTULOS

Billy Grinslott

RECONOCIMIENTOS

Gracias a Dustin, Devan, Kinsey, Robyn, Julie.

Socialismo Muerte de América

Introducción

El socialismo, la muerte de América. Apoderándose de Estados Unidos. Cómo el gobierno controlará cada aspecto de tu vida y tomará todo lo que posees.

Si quieres salvarte a ti mismo y a Estados Unidos, debes leer este libro.

Cómo el gobierno planea tomar todo lo que posees y controlar cada aspecto de tu vida.

Esto incluye tomar su cheque de pago, sus ahorros, sus cuentas de jubilación, todo lo que posee y todos sus derechos a la libertad.

Este libro le dirá cuál es la agenda oculta de los gobiernos. Por qué quieren convertir a Estados Unidos en un país socialista y cómo planean hacerlo. El plan ya ha comenzado, y todos estamos en problemas.

Este es un libro de lectura obligada para todos los que se preocupan por proteger su libertad y todo por lo que ha trabajado duro.

Serás propiedad del gobierno con libertad y justicia para nadie.

Qué es el socialismo

Comencemos este libro hablando de lo que es el socialismo y lo que significa para los ciudadanos que viven en un país socialista.

Para la mayoría de las personas que leen este libro, es posible que sepan lo que significa ser un país socialista. Pero para los pocos que no lo hacen, lo discutiremos un poco. Todo el mundo querrá leerlo porque su futuro está en juego.

En un sistema socialista, todas las decisiones son tomadas por el gobierno, y los individuos dependen del estado o del gobierno para todo, desde la vivienda y la comida hasta la atención médica. El gobierno determina los niveles de producción y precios de estos bienes y servicios.

Los ciudadanos en una sociedad socialista dependen del gobierno para todo, desde el refugio y la comida hasta la atención médica. Los defensores del socialismo creen que conduce a una distribución más equitativa de bienes y servicios y a una sociedad más equitativa.

Hasta ahora, nos dimos cuenta de que el gobierno tomaría todas las decisiones para la gente cuando se trata de la distribución equitativa del dinero, la vivienda, la comida, el refugio y todo lo que tienes.

El government y el socialismo.

Los ideales socialistas incluyen la producción para uso, en lugar de para el lucro. Una distribución equitativa de todas las riquezas y recursos materiales entre todas las personas. Esto significa que no habrá más compra y venta competitiva en el mercado y libre acceso a bienes y servicios. Lo que típicamente se llama capitalismo.

Entonces, examinemos esto. Para resumir, dice que el gobierno controlará todos los negocios, recaudará todo el dinero y los ingresos. Luego se distribuirá equitativamente entre la gente. Lo que se supone que esto significa es que todos deberíamos obtener una parte igual de todo el dinero y los ingresos recaudados.

De dónde van a sacar este dinero? De todos, esto incluye a cualquiera que haya acumulado riqueza y compañías que están en Estados Unidos. Entonces se supone que deben distribuirlo equitativamente entre la gente. Para que todos seamos iguales y tengamos las mismas cosas en la vida y las pertenencias.

Yaa bien, si crees eso, tengo algunas tierras pantanosas en Florida. No hay manera de que nuestro gobierno que dirige un país socialista vaya a hacer que las cosas sean iguales para la gente.

Los reyes y las reinas no se hacen ricos compartiendo con la gente. Toman de las personas y se vuelven ricos, generalmente a través de impuestos u otros medios. Qué te hace pensar que el gobierno y la élite en Estados Unidos te van a dar cualquier cosa menos cacahuetes? Mientras viven en lo alto del cerdo.

Muchos líderes gubernamentales y empresas en Estados Unidos se han enriquecido con los contribuyentes y se han acostumbrado a hacerlo. Permítanme hacer una observación. La mayoría de las personas que se convierten en presidentes o se involucran en la política ya son ricas. Por qué querrían arriesgar su vida para ser presidente o político, cuando ya son ricos?

Porque hay mucho más dinero que ganar estafando a los contribuyentes y haciendo tratos por la puerta trasera. No se trata del salario que se les paga. Se trata del dinero extra que pueden robar o intercambiar, mientras están en el cargo. Se trata de que se vuelvan ricos y te usen a ti, los contribuyentes, para hacerlo.

Ahora, no todos nuestros líderes son así, pero hay demasiados de ellos que los buenos no tienen la oportunidad de cambiar un sistema corrupto. Tomemos a Donald Trump, por ejemplo. Toda su agenda era acabar con la corrupción y drenar el pantano. Para devolver Estados Unidos a la gente.

Bueno, eso no encajaba con la agenda del demócrata. Amenazaba con quitarles el pan y la mantequilla acabando con la corrupción. Entonces, asumieron un asalto completo contra él desde el día en que asumió el cargo para asegurarse de que no fuera elegido nuevamente. Se amontonaron encima de él como un montón de pitbulls en el ataque.

El demócrata creó mentiras, acusaciones falsas e incluso logró que algunas organizaciones y estaciones de noticias impulsaran su agenda y mintieran al público estadounidense. Todo para que pudieran asegurarse de que su tren de salsa no terminara. El plan de Trump de devolver Estados Unidos al pueblo no se alineó con la agenda del demócrata para tener un control y poder completos sobre el pueblo.

Entonces, qué te hace pensar que cuando los demócratas convierten a Estados Unidos en un país socialista, cuando te quitan todos tus derechos y todo lo que posees? Que te darán cualquier cosa de valor a cambio. Vivirán en lo alto del cerdo, comiendo caviar y te darán las migas de pan que sobran.

Confía en mí, están acostumbrados a tomar y no a retribuir. Se trata de ellos y no de ti o de hacer lo que es mejor para Estados Unidos. Cuando leas este libro, descubrirás cuál es su agenda. Cuando leas este próximo capítulo, verás de primera mano cómo es vivir en un país socialista.

Hablando con un socialista

En este capítulo vamos a hablar de una entrevista que se hizo con Joel que solía vivir en un país socialista y ahora vive en Estados Unidos. Creo que encontrarás su historia interesante, y el resultado es uno al que también querrás prestar atención.

Lo primero de lo que habla Joel es del nivel de vida, dice que es bajo, casi de pobreza. Continúa explicando que porque las empresas son obligatorias, reguladas o propiedad del gobierno. Que los salarios los fije el gobierno.

La mayoría de los salarios son los mismos, no importa dónde trabaje, a todos se les paga aproximadamente la misma cantidad. No importa qué trabajo tengas. No tiene la oportunidad de trabajar más duro u obtener una mejor educación para obtener un mejor trabajo por más salario. El gobierno controla y ordena todo.

Continúa diciendo que no es el mayor problema. Dice que los altos impuestos son el verdadero problema. Que pagas tanto en impuestos que apenas te queda nada en tu cheque de pago. La razón por la que los impuestos son tan altos es debido a los programas gubernamentales gratuitos.

Muchas personas han decidido que en lugar de trabajar, es más fácil vivir del gobierno. Esto significa que las personas que están trabajando deben ayudar a pagar estos programas. Para pagar estos programas gubernamentales, tienen que pagar impuestos astronómicamente altos. Por lo tanto, hace que sea muy difícil para la clase trabajadora tener un buen nivel de vida.

Joel dice que debido a que los impuestos son tan altos, que el único apartamento que él, su esposa y sus dos hijos podían pagar, era un apartamento de una habitación. Continúa diciendo que esto puso mucha tensión en su relación con su esposa. Porque vivían en un lugar tan pequeño. Dice que imagina a cuatro personas viviendo en un lugar tan pequeño. No es muy factible.

También dice que debido a que los impuestos eran tan altos que no podía permitirse comprar un vehículo. Lo que significaba que cuando él iba a trabajar o la familia necesitaba ir de compras, tenían que caminar. Lo cual era una gran carga cuando tenías que caminar a casa cargando cosas. Solo podías comprar lo que podías llevar.

Dice que debido a que no tenían un vehículo, lo cual era común entre la mayoría de los residentes, él y su familia no vieron a ninguno de sus familiares o amigos durante muchos años.

Luego dice que debido a que el gobierno controla las torres de telefonía celular e Internet, muchas veces no pudieron obtener una conexión. Porque el gobierno pagó por el servicio más barato posible. Esto hizo que fuera difícil incluso hablar o comunicarse con familiares o amigos.

Dice que la televisión e Internet fueron regulados por el gobierno. Si veías televisión, las únicas estaciones disponibles eran las que se ajustaban a la narrativa de los gobiernos, cómo querían que pensaras. Dice que Internet no fue diferente. El gobierno eligió qué sitios de Internet estaban disponibles. No había sitios donde pudiera expresar su opinión o defender sus derechos. Eso se consideró propaganda.

Convertir un país en socialismo

Examinemos cómo un gobierno convierte a un país en socialista. Hay muchas cosas que deben hacer para lograr esto. Ya están trabajando duro para lograrlo. Su plan ya se ha iniciado y no tienen planes de retroceder en él.

Comencemos hablando de repartir cosas gratis. No importa si su atención médica gratuita, vivienda gratuita, comida gratuita, educación gratuita o cualquiera de las muchas otras cosas que el gobierno ofrece de forma gratuita.

El gobierno tiene un objetivo común al repartir cosas gratis. Necesitan hacer que la gente dependa del gobierno. Una vez que la mayoría de la gente se vuelve dependiente del gobierno, se vuelve fácil apoderarse de tu vida y controlar todo lo que haces.

El número de personas que dependen de los programas gubernamentales ha crecido a más de 100 millones de personas. Eso es casi 1 de cada 3 personas. Esto a medida que el gobierno federal aumenta la deuda nacional con una tarjeta de crédito respaldada por las ganancias futuras de los hijos de hoy y por los que aún no han nacido.

La próxima vez que un político prometa un beneficio más del gobierno gratuito a la Generación Yo, debe recordar que está viviendo con tiempo prestado y dinero prestado. Esa deuda tendrá que ser pagada y usted descubrirá cómo más adelante en este libro.

No solo será necesario pagar la deuda, recuerde que estará renunciando a todos sus derechos a ser una persona libre y vivir en una sociedad libre cuando vengan a cobrar el pago. El gobierno controlará todos los aspectos de tu vida.

Un par de otras cosas para recordar sobre obtener cosas gratis del gobierno. Ningún programa de gobierno ha funcionado nunca. Se ha demostrado a través de la historia que el gobierno arruina cada programa que ejecuta. No voy a entrar en detalles, porque cualquiera que haya estado en un programa de gobierno ha sido testigo del engaño y ha sentido el dolor y el sufrimiento.

Ofrecer cosas gratis para comprar u obtener su voto, puede sonar bien para algunas personas al principio. El gobierno o no cumplirá sus promesas o no será lo que usted esperaba. Las horas extras a medida que se agota el dinero, disminuirán sus beneficios o eliminarán los programas que lo dejarán en un estado de pobreza y mala salud.

Recuerda que se trata de que ellos dirijan tu vida y tengan control sobre ti. No les importa cómo vives o cuál es tu bienestar. Se trata de que se enriquezcan y tengan control sobre todo lo que sucede en Estados Unidos, incluida su vida.

También recuerda, nada es gratis. Para la gente en Estados Unidos que corre con esta actitud de que quiero todo gratis, bueno, tienes un despertar grosero que viene. Debe pagarse de alguna manera o de alguna manera y todos pagarán por ello. Como descubrirás más adelante en este libro.

Persuadiéndote a creer.

Otra forma de convertir un país en socialista además de ofrecerte cosas gratis es persuadirte para que creas en su causa. Hacer que el socialismo parezca una mejor forma de vida es el objetivo que necesitan lograr.

Harán todo lo posible para que esto suceda. Odio decirlo porque queremos confiar en nuestro gobierno. Pero te engañarán o te mentirán para lograr esto. Harán promesas que nunca sucederán. Ya hemos sido testigos de esto.

Un ejemplo sería durante las elecciones presidenciales de 2020. Los demócratas ofrecieron muchas cosas gratis, como la educación gratuita para obtener votos. Sin embargo, no se ha hecho nada al respecto. Eso es porque era solo una promesa para que votaras por ellos.

No tenían intenciones de darle seguimiento. Solo querían que votaras por ellos. Luego hacen lo que siempre hacen, se olvidan de la gente y huyen con sus propias agendas personales.

Por ejemplo, hablemos del nuevo acuerdo verde o del plan build back better. Estas son un par de sus propias agendas personales. Quién crees que se va a beneficiar de estos acuerdos?

Con una economía que está viendo la inflación más alta que hemos visto en más de 30 años. Precios más altos en todo lo que compramos. No crees que sería en el mejor interés de nuestro país dejar de pedir dinero prestado y aumentar nuestra deuda?

Sí, sería en el mejor interés del país dejar de pedir dinero prestado hasta que tengamos un control sobre nuestra situación económica. Pero no están retrocediendo en absoluto. La razón es porque ellos son los que se van a beneficiar de estos acuerdos. No el pueblo estadounidense.

El dinero que están pidiendo prestado para estos acuerdos hará que muchas personas ricas sean más ricas. Esto incluye a algunos políticos y a las personas con las que están en la cama. Este dinero se filtrará a las empresas y organizaciones que también hicieron promesas, que son de su propiedad o de alguien que conocen.

Piénsalo de esta manera. Si usted fuera un político y fuera propietario o alguien que conozca fuera dueño de una empresa de construcción, qué tan fácil sería darles un contrato con el gobierno? Es fácil de hacer cuando tienes el control.

Por qué cree que están impulsando estos planes en un momento en que no es bueno para nuestro país? Porque ellos y sus compinches se van a enriquecer usando el dinero de sus impuestos. Te han persuadido para que creas que es lo mejor para nuestro país. Pero muy poco del dinero que piden prestado ayudará a Estados Unidos, se usará para llenar los bolsillos de otra persona.

Tratan de decirte que el plan de reconstruir mejor va a ser genial y creará empleos. Es un montón de Bullarkey. No tenemos un problema de empleos en Estados Unidos, hay muchos empleos disponibles. Muchas personas están tratando de contratar, pero no pueden hacer que la gente trabaje. Otro problema causado por nuestro gobierno.

Alrededor del 2% del dinero en el plan de reconstrucción de la mejor se utilizará para reconstruir la infraestructura de

Estados Unidos. Parte del dinero se utilizará para programas sociales para que más personas dependan del gobierno.

Me pregunto a dónde va el resto del dinero, piensa en lo que dije antes. También piense en cómo debe devolverse, aumentando los impuestos a todos, como descubrirá más adelante en este libro.

Todo mi punto detrás de esto es que quieren persuadirte de que tienen tu mejor interés en mente y es todo lo contrario. Solo tienen en mente su mejor interés.

Pero si pueden hacerte dependiente de ellos o persuadirte de que son la respuesta para todo. Que es mejor vivir bajo su plan, entonces ellos te poseerán.

Volviéndose unos contra otros

Otra forma en que el gobierno convierte a un país en socialista es dividir y conquistar, poner a la gente en contra de los demás. Cuantas más personas puedan llegar a creer en su agenda, mejores serán sus probabilidades de implementar su plan socialista.

Hay algunas maneras en que pueden hacer esto. Una es lograr que los medios de comunicación se sumen a su plan. Eso ya ha sucedido. Muchos de nosotros somos conscientes ahora de que utilizaron muchas fuentes de medios para mentir al público. Gran parte de esto comenzó cuando Donald Trump se convirtió en presidente y continuó hasta las elecciones de 2020.

El problema es que la mayor parte del país no se dio cuenta de que también les estaban mintiendo a tiempo y compraron su propaganda. El daño ya está hecho y ahora nuestro país está pagando el precio.

Otra forma de volvernos unos contra otros es sacar la carta de la carrera. No importa si es racismo, teoría crítica de la raza o como quieras llamarlo. Si pueden dividirnos por razas y crear animosidad entre sí, funciona a su favor.

La izquierda ha armado la carta de la carrera y ha atacado a cualquiera que no crea en su agenda. Diablos, si no eres un demócrata, eres un racista o un supremacista blanco.

Están usando a ciertas personas, organizaciones y la tarjeta de carrera para cada excusa que pueden, para que puedan dividirnos. Es solo para impulsar su agenda, realmente no les importan las personas involucradas.

Una vez más si utiliza los medios de comunicación y otras organizaciones para ayudar a promover su causa. Puedes hacer que un pequeño problema parezca un gran problema y poner a las personas unas contra otras. Todos hemos sido testigos de esto en los últimos años. Las noticias falsas son el enemigo de este país.

El problema que tenemos en Estados Unidos no es un problema racial. Es la izquierda y ciertas estaciones de medios y organizaciones que lo utilizan para tratar de impulsar su narrativa u objetivo. Todo el mundo tiene que dejar de escuchar este hogwash.

Eche un vistazo al caso kyle Rittenhouse. Los demócratas y ciertas estaciones de noticias lo convirtieron en un problema racial cuando todos los involucrados eran blancos. Luego lo llamaron supremacista blanco, lo cual no era cierto. Nada de eso era cierto, todo eran mentiras.

Kyle es un buen chico que solo estaba defendiendo su vida. Cualquiera que viera el juicio podía ver claramente eso. Entonces, por qué mintieron los demócratas y los medios de comunicación? Influir en la gente en su agenda, que es atacar la constitución sobre una base racial.

Creando caos entre la gente. Hay un par de cosas que vienen a la mente aquí. Una es permitir que los delincuentes controlen sus calles. Dejando que los criminales salgan de la cárcel para que puedan causar estragos en su vecindario.

Esto se relaciona con el desfinanciamiento del movimiento policial, sacando a los policías de las calles. Al permitir que los delincuentes dirijan su vecindario sin presencia policial, encaja perfectamente en su plan de hacerse cargo de sus derechos y controlarlo. Déjame explicarte.

Después de que un pequeño porcentaje de nuestra población y algunas organizaciones terribles comenzaron a gritar desfinanciar a la policía. Los demócratas y sus estaciones de noticias coludidas tardaron unos dos minutos en subirse a bordo y comenzar a impulsar su agenda. Esa agenda es tener control sobre ti.

Qué mejor manera de hacerlo que ir a la policía militar o algún tipo de policía controlada por el gobierno? Este era su aliado. Si pudieran destituir a los policías y hacer cumplir un programa gubernamental, ahora tienen control sobre usted.

No les importó ni un ápice lo que les pasó a la gente de los barrios. Todo lo que les importaba era impulsar su agenda y obtener el control sobre ti. Cualquier político sensato sabe que la eliminación de la policía tendrá efectos perjudiciales.

No les importaba porque tenían una agenda diferente. Eso fue para crear caos, porque encaja en su plan de controlarte y convertir a Estados Unidos en un país socialista.

Ninguna ley y orden no crea nada más que un alto crimen y caos. La izquierda se ha convertido en el enemigo del pueblo , ya que permiten que las tasas de criminalidad se disparen.

Esto es lo que sucede cuando tienes un gobierno anti-policía anti-ley. No se preocupan por ti. Todo lo que les importa es su agenda.

Afortunadamente para nosotros, algunas personas en este país se han despertado. En Minneapolis votaron para no desfinanciar a la policía y pidieron que más policías estuvieran en las calles. Esperemos que esta ola continúe en todo Estados Unidos. Ojalá los demócratas aprendan que su forma de gobernar es mala. No ha funcionado hasta ahora. Todavía parecen seguir adelante como si nada importara. Eso es porque van a seguir adelante con su agenda pase lo que pase.

Eliminar tus creencias

Una de las otras formas de convertir un país en socialista es atacar las creencias religiosas de las personas. Una de las bendiciones más profundas de Estados Unidos es su profundo respeto por la libertad religiosa. La prosperidad y la vasta protección de los derechos que los estadounidenses disfrutan hoy en día existen en gran parte porque ha habido un respeto sagrado por las libertades religiosas.

De hecho, en cualquier sociedad, existe una estrecha relación entre respetar la libertad religiosa y disfrutar de la prosperidad de las libertades cívicas y económicas. Es por eso que en las sociedades donde las ideologías socialistas han predominado, vemos un ataque a las creencias religiosas.

Los ataques a las libertades religiosas se encuentran entre las principales violaciones que vemos en las sociedades socialistas. Cuando una nación es interrumpida por un gobierno totalitario que rompe el orden constitucional y destruye las instituciones religiosas. Sus primeros objetivos son las instituciones religiosas, así como las personas con creencias religiosas.

Destruir los fundamentos religiosos de cualquier sociedad y garantizar la opresión de una sociedad. Requiere que el gobierno destruya la idea de que tenemos derechos porque Dios nos creó. Que nuestros derechos provienen del gobierno y no de Dios.

En resumen. Lo que un gobierno socialista quiere es que pienses en ellos como tu Dios. Quieren que sigas sus creencias y sigas sus reglas. No quieren que tengas la libertad de elección o que creas que tienes algún derecho, solo los que te otorgan.

Atacando la Constitución

Una cosa que un gobierno debe hacer para convertir a un país en socialista es desmantelar la constitución. La razón de esto es quitarle sus derechos. Discutiremos las enmiendas 1ª y 2ª para esta parte. Porque son importantes para todos nosotros.

La 1ª enmienda Protege la libertad de religión, la libertad de expresión o de prensa. El derecho del pueblo a reunirse pacíficamente y a presentar una petición al Gobierno.

Ahora piense en lo que sucede cuando desmantelan la constitución y le quitan su primera enmienda. Ya no tienes la libertad de expresión, lo que significa que no puedes expresar tu opinión sobre cómo debe administrarse tu país.

También significa que no puede reunirse pacíficamente, protestar o solicitar al gobierno que proteja sus derechos. Lo que significa que pueden quitarte cualquiera de tus derechos y no hay nada que puedas hacer. Debes vivir bajo las reglas y derechos que te otorguen. Tus elecciones a la libertad se han ido.

Hablemos de la 2ª enmienda. La 2ª enmienda hace un par de cosas. Le da el derecho de poseer un arma para la autoprotección contra los delincuentes. Le da el derecho de protegerse a sí mismo, a su familia, a su sustento.

La 2ª Enmienda es necesaria para la seguridad de un Estado libre. Estaba destinado a que nos defendiéramos y protegiéramos de nuestro propio gobierno. La Segunda Enmienda estaba destinada a ayudar a la gente a protegerse de un gobierno tiránico. En caso de que el gobierno intentara quitarle los derechos al pueblo.

Los antepasados que crearon la 2ª enmienda fueron lo suficientemente sabios como para saber que en algún momento el gobierno trataría de controlar, anular o superar a la gente y eliminar sus derechos y libertades. Por lo tanto, la 2ª enmienda se puso en marcha para ayudar a la gente, para que pudiera defender y proteger sus derechos y libertades de un gobierno tiránico.

Cuando lo piensas, nuestros antepasados eran individuos sabios. Fueron lo suficientemente inteligentes como para saber que la mayoría de los gobiernos llegan a un punto en el que quieren quitar derechos a la gente y hacer que vivan bajo el control del gobierno. Los antepasados protegieron nuestra libertad instituyendo la 2ª enmienda.

En mi opinión, la 2ª enmienda es la más importante a proteger. Espera un segundo y respira hondo antes de que los anti artilleros comiencen a correr por el extremo profundo de la piscina. Voy a exponer mi punto de vista y quiero que lo piensen por un segundo.

Veámoslo de esta manera. Para superar a un país, debes deshacerte de cualquier oposición que se interponga en tu camino. En este momento, lo único que impide que el gobierno venga a tu casa y te imponga su voluntad es el hecho de que todos tienen armas.

El gobierno es lo suficientemente inteligente como para saber que si tratan de imponer su voluntad sobre ti, vas a defenderte a ti mismo. La razón por la que el gobierno sigue atacando la 2ª enmienda es porque no quieren ninguna oposición.

Piénsalo de esta manera. Una vez que retiren todas las armas de la gente, no tendrán oposición y podrán controlarte fácilmente y quitarte todos tus derechos. Esto incluye la primera enmienda junto con cualquier otro derecho que tenga. Sin una forma de que la gente se ponga de pie y evite que el gobierno los controle y una forma para que la gente proteja sus derechos, no te quedan derechos.

Tener la 2ª enmienda protege todas las demás enmiendas. Sin la 2ª enmienda, no puedes proteger ninguno de tus otros derechos y no te quedan derechos o libertades.

Ahora, por favor, permítanme hacer una observación más antes de seguir adelante. Hazte esta pregunta y piénsalo por un segundo antes de seguir leyendo. Crees que al gobierno le importa el crimen que tenemos en nuestras calles y vecindarios?

Ahora que has tenido tiempo de pensar en eso, la respuesta es NO. Permítanme hacer mi observación. En lugar de gastar dinero en facturas que están destinadas a estafar a los contribuyentes. Como el nuevo pacto verde y reconstruir Estados Unidos. Podrían estar gastando ese dinero para contratar a muchos más policías.

Podrían enviar ese dinero a los estados e inundar las calles con policías, agencias antidrogas, la guardia nacional o la policía militar. Les garantizo que podrían reducir el crimen en nuestras calles y vecindarios a nada en poco tiempo.

En cambio, politizan todo el crimen para su agenda personal para eliminar la 2ª enmienda. Durante los disturbios de 2020, no solo promovieron los disturbios, sino que no hicieron nada para sacarlos de las calles. Especialmente en las ciudades dirigidas por demócratas.

Luego saltaron sobre el movimiento policial que empeoró las cosas. La tasa de criminalidad aumentó más rápido que un avión a reacción. No les importaba porque tenían una agenda personal que cumplir.

Querían inculcar el caos en las calles de Estados Unidos para sus propias agendas personales. Esto demuestra claramente que no les importa el pueblo estadounidense. Se trata de ellos y su agenda personal para apoderarse del país.

Una última nota para los anti-artilleros. Cuando quiten todas las armas a los buenos ciudadanos y los dejen indefensos, los criminales seguirán teniendo armas. Entonces vivirás en un país que está plagado de crimen, no tienes forma de protegerte y no te quedarán derechos porque el gobierno los tomará.

Sin la 2ª enmienda, no tiene ninguna otra enmienda. Desmantelarán la constitución en un abrir y cerrar de ojos y les quitarán todos sus derechos.

Antes de seguir con este libro. Quiero decir que no todos nuestros políticos o líderes gubernamentales son malos. Tenemos algunos buenos que se preocupan por Estados Unidos. Pero los demócratas que fueron elegidos para dirigir nuestro país en 2020 seguramente son algunas manzanas podridas y necesitan ser removidos del poder antes de que causen mucho más daño a nuestro país.

NRA bajo ataque.

Ahora no quiero que pienses que este libro trata sobre armas o derechos a favor de las armas. Aunque sí defiendo los derechos a favor de las armas. Por favor, sean pacientes y llegaré a cuál es el plan del gobierno y cómo será el futuro de Estados Unidos.

Pero me gustaría hacer un par de observaciones aquí y les mostrará cómo actúa nuestro gobierno y cómo impulsan su agenda. Ya sabemos por el capítulo anterior que la 2ª enmienda es la más importante para proteger todas nuestras libertades.

En este momento, la NRA, la Asociación Nacional del Rifle está bajo ataque. El objetivo del gobierno es abolir la NRA. La NRA es la organización más grande que ha luchado por los derechos de armas. Hay otras organizaciones por ahí, pero no tan grandes como la NRA.

Sin la NRA, será fácil para el gobierno atacar la 2ª enmienda y ellos lo saben. Por lo tanto, están haciendo todo lo que está a su alcance para abolir la NRA. Supuestamente la NRA está siendo atacada por asignar fondos indebidamente.

Pero lo que me parece gracioso es el hecho de que la fundación Clinton fue acusada de asignar mal fondos o recibir donaciones de países extranjeros que seguramente podrían afectar el resultado de cómo se gobierna nuestro país. Sin embargo, todo eso está siendo barrido debajo de la mesa.

Qué hay de las acusaciones de corrupción de la familia Biden? Durante las elecciones de 2020, muchas fuentes de noticias se negaron incluso a comentarlo, para poder influir en la elección hacia Biden. Ahora que Biden está en el cargo, casi puedo garantizarles que no se hará nada sobre toda la corrupción familiar de los Biden. Veremos.

Todo mi punto detrás de esto es. Es un poco gracioso que cuando estás en el poder, puedes hacer lo que quieras y encontrar una manera de enterrar tu basura. Pero la NRA está siendo acusada de las mismas cosas que sus políticos y le garantizo que la NRA no sobrevivirá.

Harán todo lo que esté a su alcance para abolir la NRA porque tienen una agenda personal para hacerse cargo de este país. Eliminar la 2ª enmienda es su objetivo. Recuerde que sin la 2ª enmienda, la constitución y la declaración de derechos serán destrozadas y arrojadas a la basura junto con todos sus derechos y libertad.

Proteger la Constitución

Hablemos de la Constitución. Por qué, porque es el documento más importante que tenemos que protege nuestros derechos. Sin la Constitución, no tenemos forma de defendernos.

La constitución fue creada para evitar que el gobierno y otras organizaciones impongan su voluntad al pueblo estadounidense. Fue creado para que el pueblo estadounidense tuviera voz y voto en la forma en que se dirige su país.

Sin la Constitución todos nuestros derechos y libertades serán arrebatados. Para protegernos de tener todo en nuestra vida diaria controlado, debemos proteger la constitución.

En este momento, en Estados Unidos nuestra constitución está bajo ataque. Ahora podríamos sentarnos y decir que el gobierno quiere destruir nuestra constitución. Por lo tanto, pueden controlar todos los aspectos de nuestras vidas, pero no son solo ellos. Hay algunos políticos que sí creen en esto y otros que no.

Tenemos algunos buenos políticos que todavía creen que Estados Unidos debe ser dirigido por el pueblo y que el gobierno debe hacer lo que es mejor para el pueblo. Pero tenemos otros políticos que creen en controlar completamente todos los aspectos de nuestras vidas.

Lo bien que le vaya a Estados Unidos no es lo mejor para ellos. Quieren que el poder te controle y la mejor manera de hacerlo, es quitarte tus derechos, deshaciéndote de la constitución. Están buscando el poder y no la prosperidad, pero están solos.

Para los que sí creen en la eliminación de la constitución, van a hacer todo lo posible para que esto suceda. Tienen una agenda personal y la van a cumplir, cueste lo que cueste.

Algunos políticos han vendido su alma al diablo. Aquí hay una cosa que quiero que recuerden sobre algunos políticos. Se compran y se pagan.

Ahora, a qué me refiero cuando digo que se compran y se pagan? Hay que mirar la vida de un político para entenderla. No llegan al cargo sin aceptar dinero de ciertas personas, grupos, organizaciones o empresas. Para ser elegidos deben hacer campaña. Esos fondos de campaña vienen de alguna parte.

El pueblo estadounidense dona. Calculamos que si donamos a un determinado candidato, ellos dirigirán el país de la manera que queremos una vez que sean elegidos. Por lo general, no resulta de esa manera. Hay una razón principal para eso.

Los políticos hacen promesas y ofrecen ciertas cosas para ser elegidos. Una vez elegidos, parece que se olvidan por completo de las promesas que hicieron al pueblo y huyen con sus propias agendas personales. O para cumplir con las agendas de las organizaciones o empresas que les donaron.

Ciertos grupos, organizaciones y empresas donan una tonelada de dinero para que su representante sea elegido. Por qué puede preguntar, tienen leyes que quieren cambiar para beneficiarlos. Tienen intereses especiales que necesitan y quién mejor para hacer que eso suceda que un político.

Entonces, lo que algunos políticos terminan haciendo es olvidarse de los ciudadanos y atienden a las organizaciones y empresas que pagaron su camino en el gobierno. Terminan haciendo acuerdos de puerta trasera que se benefician a sí mismos, a estas empresas y organizaciones.

Lo que ha sucedido con el tiempo es que ahora hay políticos que son propiedad de estas organizaciones y empresas. Entonces, en lugar de hacer lo que es mejor para la gente, hacen lo que es mejor para ellos. Alguna vez escuchaste la expresión, no muerdas la mano que te alimenta.

Alguna vez te has preguntado cómo algunos políticos se vuelven tan ricos mientras están en el cargo? Esto se debe a que hay muchos acuerdos de puerta trasera que los benefician a ellos y a estas organizaciones o empresas. En el camino, están llenando sus bolsillos con sus dólares de impuestos.

Entonces, lo que ha terminado sucediendo con el tiempo es que se ha producido mucha corrupción en nuestro gobierno. Algunos de nuestros funcionarios electos han decidido meterse en la cama con estas organizaciones y empresas.

Cómo afecta esto a nuestro país y a la Constitución? Cuando se trata de nuestro país, ya no está siendo administrado por nuestro gobierno. Está siendo dirigido por muchas personas ricas, organizaciones y empresas que han comprado a ciertos políticos.

El problema es que estas personas ricas, organizaciones y empresas quieren un control completo sobre el país. Hay algunos políticos que están a bordo con ellos y juntos quieren el control sobre todo. Van a hacer lo que sea necesario para lograr esto.

Permítanme darles un ejemplo. Como dije, no todos los políticos piensan de esta manera. En las elecciones presidenciales de 2020 tuvimos un presidente que se postuló para su segundo mandato. Fue presidente de 2016 a 2020. Ese era Donald Trump.

Uno de sus lemas era, Voy a drenar el pantano. Lo que quería decir con esto era que iba a deshacerse de la corrupción en nuestro gobierno y devolver el gobierno al pueblo.

Desde el momento en que asumió el cargo, la batalla estaba en marcha. Los políticos que están acostumbrados a beneficiarse de toda esta corrupción no estaban contentos. Su animada capucha estaba en juego. Entonces, midieron una guerra total contra él. También lograron que muchas organizaciones los respaldaran. Por qué, porque todos tienen los mismos objetivos.

La conclusión es esta. La única razón por la que lo querían fuera del cargo es porque defendió al pueblo estadounidense y quería devolver el país al pueblo. Quería acabar con la corrupción gubernamental.

Bueno, eso no encajaba con su plan. De dónde van a obtener su próxima comida si no pueden usar a los contribuyentes para beneficiarse?

Durante las elecciones presidenciales de 2020, sacaron todos los acorazados y atacaron por completo. Hicieron que todos se involucraran para hacer lo que fuera necesario para asegurarse de que no fuera reelegido. El problema es que engañaron y mintieron al público estadounidense y cambiaron las leyes de votación para que esto sucediera.

Ahora, por qué mencioné todo esto? Porque no son solo algunos políticos de los que hay que preocuparse. Hay organizaciones y empresas que tienen la misma agenda. Todos quieren controlar todos los aspectos de tu vida. Quieren dirigir el país como mejor les parezca, y sus derechos no importan.

Esto significa que cuando se trata de proteger la constitución, debemos luchar contra todas estas organizaciones junto con los políticos que están a bordo para hacerse cargo de nuestro país.

Este plan para controlar todos los aspectos de tu vida, simplemente no apareció de la noche a la mañana. El plan se inició hace muchos años y ha estado en progreso desde entonces. En los próximos años, se pondrá en marcha rápidamente.

Tienen varias formas y cosas que deben hacer para lograr su plan y está en marcha. Vienen por todo lo que tienes. La Constitución no es lo único que quieren controlar.

Lo que sí sé es que una vez que desmantelen o eliminen la constitución, todo lo demás que tienes desaparecerá. El tiempo de crisis está sobre nosotros, si no protegemos la constitución, nuestra vida, libertad y forma de vida desaparecerán. Junto con todo lo demás que tienes.

Este libro discutirá todas las formas en que planean apoderarse del país, junto con nuestra última línea de defensa de la constitución. También discutirá muchos más temas que nos están afectando en este momento y empeorarán en el futuro de Estados Unidos.

Una última nota antes de seguir adelante. Se supone que Estados Unidos debe ser dirigido por el pueblo, no por el gobierno y otras entidades. Ha llegado el momento de que nos interesemos por proteger nuestra forma de vida. Estamos siendo vendidos a otros países y al mejor postor y tenemos que ponerle fin.

Llenar la Corte Suprema

Una de las mejores maneras para que el gobierno destruya la constitución y controle todos los aspectos de su vida es llenar la corte suprema. El empaquetamiento de la corte se refiere al proceso de que el Congreso agregue más escaños a la Corte Suprema para asegurar una mayoría.

No dedicaré mucho tiempo a esto porque la conclusión es simple. Cuando empacas la corte suprema, la cargas con una parte. Un ejemplo es que los demócratas quieren llenar la corte suprema a su favor, agregando más escaños.

Lo que esto logra es un fallo unilateral, lo que les facilita aprobar cualquier ley que se apruebe.

Cómo te afecta esto? Si quieren aprobar leyes para controlarte o quitarte tus derechos, se vuelve fácil de hacer. Si quieren desmantelar o eliminar la constitución, pueden.

La conclusión es que pueden imponer cualquier ley a la gente como mejor les parezca. Pueden cambiar o eliminar la constitución para satisfacer sus necesidades. Tener el control total para cumplir con sus propias agendas personales.

La Corte Suprema es la última línea de defensa para proteger al pueblo estadounidense. Si les permites empacar a favor de un lado, tu vida, libertad y justicia son arrebatadas. Es así de simple. Evitar que los demócratas empaqueten lo supremo es una necesidad a toda costa.

El Plan de gobiernos

Y si le dijera que el Gobierno tiene un plan para aumentar la deuda tan alta? Que tendrías que darles todo lo que posees para pagarlo. Esto incluye su cheque de pago, sus cuentas de ahorro y jubilación.

Qué pasaría si les dijera que la inflación alcanzará los puntos más altos que hemos visto en Estados Unidos durante más de 30 años? Qué pasaría si te dijera que los productos serán difíciles de encontrar y que los estantes de las tiendas pueden estar vacíos?

Qué pasaría si te dijera que pagarás más y más impuestos más altos de lo que has visto en la historia de Estados Unidos? Que hay un plan en el que todo su cheque de pago terminará yendo al Gobierno. Y si te dijera que el plan ya está en marcha?

Qué pasaría si le dijera que sus cuentas de ahorro e inversión serán gravadas a la tasa más alta sobre las ganancias de capital? Y si te dijera que van a subir el impuesto al patrimonio y bajar la cantidad que un patrimonio puede dar a sus beneficiarios?

Qué pasaría si le dijera que le quitarían sus cuentas de ahorros y jubilación? Qué pasaría si te dijera que no habría tal cosa como la jubilación, tendrías que trabajar hasta que mueras?

Qué pasaría si te dijera que cuando desmantelen la constitución, controlarán fácilmente todos los aspectos de tu vida? Eso incluye aumentar los impuestos, tomar su cheque de pago, ahorros y cuentas de jubilación.

Qué pasaría si te dijera que tenían un plan para quitarte tus derechos de voto? Y si te dijera que la razón es para que puedan seleccionar quién dirigirá el país como dictadura para controlarte?

Me creerías si te dijera que todas estas cosas van a suceder? Bueno, prepárate para el futuro del socialismo estadounidense.

Impuestos, Impuestos, Impuestos.

Uno de los mayores problemas que tenemos en los Estados Unidos es que nuestra deuda es demasiado alta. Cuál cree que es nuestra deuda actual en los Estados Unidos? La respuesta es de alrededor de $ 28 billones en el momento en que escribo esto. Ahora eso va a cambiar porque seguimos acumulando más deuda. Entonces, solo va a aumentar.

Te voy a hacer algunas preguntas, por favor participa pensando seriamente en ellas. También te voy a pedir que seas honesto contigo mismo, al pensar en esto.

Primera pregunta, quién crees que es responsable de hacer subir tanto la deuda? La respuesta puede o no ser lo que quieres escuchar. Piensa en eso por un segundo. Pero va a ser, la verdad.

Les voy a pedir que mantengan una mente abierta cuando haga esta declaración. Voy a ser brutalmente honesto. Parte del problema que tenemos, es que no siempre somos honestos con nosotros mismos? Por lo general, queremos culpar a algo o a alguien más por los problemas que tenemos.

Les voy a pedir que piensen en lo que tengo que decir aquí con una mente abierta. Puede que no te guste, pero tendrá sentido. El problema de decir la verdad es que nadie realmente quiere escucharla.

Entonces, quién crees que es responsable de aumentar la deuda tan alta en Estados Unidos? Mucha gente quiere culpar al gobierno por aumentar la deuda. Sí, ellos son los culpables de la mayor parte de ella.

Gastan dinero tontamente y parecen usar el dinero de los contribuyentes para llenar sus propios bolsillos y las compañías y organizaciones que los poseen. También, para cumplir con sus propias agendas personales.

Sin mencionar que cada vez que aprueban un proyecto de ley parece que hay mucho dinero que va a lugares a los que no debería ir. Usan el dinero del pueblo estadounidense para sus propias agendas personales.

Cada vez que hay un problema, queremos culpar al gobierno. Pero no es completamente su culpa, tendrá sentido en un momento. Ahora no me malinterpreten, hacen su parte de gastar de más y asignar dinero a lugares a los que no debería ir.

El gobierno es seguramente el culpable de la mayor parte de nuestra deuda. Cada vez que piden dinero prestado, gran parte de él se utiliza para sus propias agendas personales. Cuando pasan un billete de 2 billones de dólares, nos arrojan centavos de dólar.

Entonces, obtenemos algunas migajas y se escapan con la mayor parte del dinero para sus propias agendas. Eso y llenar los bolsillos de sus empresas u otras empresas y organizaciones con las que están en la cama. Por no hablar de llenar los bolsillos de algunas personas muy ricas a las que también les deben favores.

Entonces, como puede ver, el gobierno es el culpable de la mayor parte de nuestra deuda. Por lo tanto, podemos echarles una gran culpa. Tenemos derecho a estar molestos con nuestro gobierno debido a sus formas corruptas de robar dinero de los contribuyentes.

Votamos en nuestros funcionarios electos porque se supone que deben hacer lo que es correcto para nuestro país. Se supone que deben tomar decisiones basadas en lo que es correcto para todos y no estafarnos robando nuestro dinero. Se supone que no deben acumular nuestra deuda para su beneficio personal o agendas.

Algunos funcionarios del gobierno se han acostumbrado tanto a estafar a los contribuyentes. Que se ha vuelto normal para ellos cada vez que se aprueba un nuevo proyecto de ley. Se han acostumbrado a rellenar las facturas y a enriquecerse con el pueblo estadounidense.

Pero tenemos la culpa un poco. Por qué, porque les permitimos hacerlo. En lugar de hacerlos, simplemente pida prestada la cantidad de dinero que se requiere para cualquiera que sea el problema. Les permitimos pedir prestado mucho más de lo que se requiere.

Les permitimos robar nuestros dólares de impuestos para sus propias agendas personales. Es nuestro gobierno y tenemos derecho a exigir cómo gastan el dinero de nuestros impuestos. Por lo tanto, tenemos que asumir un poco de culpa por no controlar nuestro gobierno.

Pero, como dije antes, realmente no tenemos la culpa. Elegimos a nuestro gobierno porque se supone que deben gobernar y hacer lo que es mejor para nosotros y no robar nuestro dinero. Pero ahora ya sabes por qué quieren un país socialista. Por lo tanto, pueden hacer lo que quieran con sus dólares de impuestos, y usted no tiene voz en lo que sucede.

Ahora aquí está el gran problema que tenemos como contribuyentes. Los funcionarios del gobierno que robaron su dinero no van a pagar la deuda. Todos vamos a tener que devolverlo. La única forma en que eso sucede es aumentando los impuestos.

Entonces, pasemos a la siguiente pregunta. Cuando aumentan los impuestos a todos, haciendo un ingreso de más de $ 400,000, crees que no te afecta, porque ganas menos que eso? Te afectará? La respuesta es un sí directo.

A continuación, le indicamos cómo. Cuando aumenta los impuestos a cualquier persona en los Estados Unidos. Crea un efecto de goteo. Cuando aumenta los impuestos a las personas o empresas que ganan más de $ 400,000 al año. Confía en mí, no gano más de $ 400,000 al año. Pero soy lo suficientemente sabio como para entender lo que va a suceder a continuación.

Recuperar el dinero extra que están pagando en impuestos. Aumentarán los precios de sus productos o despedirán a la gente? De cualquier manera, se filtra. Sin mencionar que algunas empresas se mudarán fuera del país. Lo que provocará más desempleo. También afectará los salarios, por lo que pueden recuperar el costo.

Cuando aumentas los impuestos a las grandes empresas, te van a pasar ese gasto a ti. Entonces, a largo plazo, está pagando más por todo lo que compra. Lo van a obtener de ti, aumentando sus precios.

Ahí es donde se causa la inflación. La próxima vez que vayas de compras, si pagas más por un producto, piensa en esto y tendrá sentido. La conclusión es si aumentan sus impuestos o los impuestos de otra persona. Tiene un efecto de goteo, y afecta a todos.

Entonces, permítanme darles otro ejemplo. Cerraron el oleoducto Keystone. Mucha gente fue despedida. No es solo el hecho de que Keystone despidió a la gente. Afecta a todas las otras empresas que dependían del dinero que llegaba del proyecto Keystone.

Esas empresas van a tener que despedir gente porque tienen menos dinero. Mucha gente perdió sus empleos e ingresos. Entonces, como ves, hay un efecto de goteo.

Qué pasó después, los precios de la gasolina subieron casi de inmediato? Mis precios de propano subieron en más de $ 0.50 por galón. Como dije, hay un efecto de goteo en todo lo que sucede. Como consumidor, pagará más por su producto.

Esto es lo que me parece gracioso cuando se trata de precios de gas, propano y servicios públicos. Justo antes del Día de Acción de Gracias, Biden anunció que iba a liberar las reservas de petróleo que tenemos a mano para ayudar a bajar los precios de la gasolina.

Es un cero y no un héroe por hacer esto. Primero, esto es solo temporal y solo ayuda por un tiempo muy corto. En segundo lugar, si no deshiciera todo el arduo trabajo de Trump que nos hizo independientes de la energía, no estaríamos en esta situación.

Entonces, Biden, deshace todas las políticas que nos hicieron energéticamente independientes. Vuelve a meterse en la cama con Rusia y les permite construir un oleoducto. Luego actúa como si fuera genial y nos hace un favor, liberando las reservas de petróleo.

No estaríamos en esta situación si no fuera por biden y las políticas y agendas radicales de la izquierda. Están tan empeñados en impulsar su agenda, que están dispuestos a destruir nuestro país para hacerlo.

Si paga más en las facturas de gas, calefacción y electricidad, ahora sabe por qué. Aumentar los impuestos y eliminar los empleos, afecta a todos. No importa a quién aumentes los impuestos, afecta a todos.

Quién crees que debería pagar la deuda? Una de las únicas formas en que se paga la deuda es aumentando los impuestos. Ahora, estoy dispuesto a apostar que hay algunas personas sentadas allí en este momento diciendo, no yo, no aumenten mis impuestos. Podemos conseguir que alguien más pague por ello.

Bueno, la conclusión es esta. No importa qué promesas te hagan, como solo aumentar los impuestos a ciertas personas o empresas. No funciona. Porque eventualmente nuestra deuda será tan alta, que los impuestos tendrán que ser recaudados y pagados por todos.

Ya sea que aumenten los impuestos sobre la renta o impongan más impuestos a sus cuentas de ahorro y jubilación. O aumente los impuestos sobre el patrimonio o elimine las deducciones o agregue un impuesto por millaje para saber qué tan lejos está conduciendo.

No importa, pagarás más impuestos de alguna manera. Por no hablar de pagar precios más altos debido a la inflación. A medida que aumenta la inflación, el costo de lo que compra aumenta. Cuanto más pague por un producto, pagará impuestos sobre las ventas más altos.

Ves que todos pagarán impuestos más altos pase lo que pase. Todo tendrá sentido mientras lees este libro. Pero recuerde que los políticos que robaron su dinero no pagarán la deuda. Todos seremos responsables de ello.

Mentir, engañar, ladrones.

Ahora bien, esto es lo que me parece gracioso del gobierno, y no me refiero a reírme del tipo de gracioso. También han dominado el arte de mentir, engañar y robar a los contribuyentes estadounidenses.

Ves todos los proyectos de ley que el gobierno aprueba, tienen agendas ocultas y cosas en ellos que no revelan al público estadounidense. La mayoría del público no puede entenderlos porque tienen miles de páginas.

Antes de continuar, me gustaría hacerle una pregunta. Cree que la mayoría de estos proyectos de ley que se presentan en el Congreso se deben a que tienen en mente el mejor interés del contribuyente? O crees que se detienen porque algún político o sus compinches no se están beneficiando de ello?

La respuesta es. La mayoría de los proyectos de ley se retrasan porque algunos políticos, sus organizaciones también están atadas o sus grupos de intereses especiales no se están beneficiando de ese proyecto de ley. Cada proyecto de ley que se aprueba termina estafando a los contribuyentes estadounidenses.

Nuestro dinero se está utilizando para llenar los bolsillos de los políticos, otras organizaciones y grupos de intereses especiales que han donado dinero al fondo de campaña de ese político o al que el político está vinculado de alguna manera. Hay mucha gente que se enriquece con el dinero de sus impuestos.

No estoy seguro de por qué ponemos fe en nuestro gobierno o confiamos en ellos en absoluto. Permítanme hacer otra observación. Cuántas veces el gobierno ha pedido más dinero y ha aumentado la deuda?

Le dicen al pueblo estadounidense que necesitan que se apruebe este proyecto de ley porque es lo mejor para nuestro país. Luego se dan la vuelta y dicen que si no logramos que se apruebe este proyecto de ley. No tendremos suficiente dinero para dirigir el gobierno y nos enfrentamos a un cierre.

Bueno, supongo que mi respuesta es esta y creo que estarás de acuerdo conmigo. Si no estuvieran tan ocupados robando y canalizando nuestros dólares de impuestos hacia causas sin valor y llenando los bolsillos de todos los que están atados también, habría mucho dinero para dirigir el gobierno.

El gobierno tiene el don de mentirle y ocultar cosas para sus propias agendas personales en estos proyectos de ley. Esto incluye impuestos. Ya sea que impongan nuevos impuestos, reduzcan las deducciones o quiten cosas. Pagarás más.

Harán promesas como que no vamos a aumentar sus impuestos sobre la renta. Luego se dan la vuelta y cambian, se deshacen o reducen sus deducciones, lo que significa que paga impuestos más altos.

Eliminan las deducciones en los impuestos sobre el patrimonio o la herencia o aumentan la cantidad de impuestos sobre la herencia o el patrimonio. O reducen la cantidad que puede regalar a su familia antes de que entren en vigor los impuestos. De cualquier manera, se le van a gravar más.

Aumentan la cantidad de impuestos que se pagarán sobre los ahorros, las cuentas de jubilación. O aumentan la cantidad de impuestos que se pagarán sobre las ganancias de capital. O eliminar las deducciones. De cualquier manera pagarás más.

Prometen no aumentar el impuesto a la gasolina. Pero luego crean un nuevo proyecto de ley para imponer un impuesto al kilometraje. Entonces, te mintieron, porque ya sea que pagues impuestos más altos a la gasolina o un impuesto al kilometraje, es un impuesto que tendrás que pagar.

Piense en esto en su camino al trabajo o en sus próximas vacaciones mientras conduce por Estados Unidos. Pagarás por milla. Cómo crees que van a pagar por el plan de reconstruir Estados Unidos?

El 24 de junio de 2021, el presidente Biden anunció un Marco de Infraestructura Bipartidista de $ 1.2 billones de dólares como parte de su visión Build Back Better. Parte del paquete incluye proponer un programa piloto de impuestos sobre el kilometraje del vehículo.

Un impuesto de millaje es un tipo de impuesto que paga el conductor en función de las millas recorridas. Puede pensar en ello como un impuesto de pago por milla que subsidia los programas gubernamentales y se puede considerar como un cargo al usuario de la carretera. El impuesto sobre el kilometraje del vehículo generalmente se basa en la cantidad de millas que conduce en un período de tiempo particular, como un año o un trimestre.

Esto es lo que creo que es gracioso, como dije, no me estoy riendo. Lo llaman un programa piloto, lo que significa que es un ensayo experimental, es un experimento a pequeña escala y a corto plazo. Esta es solo una forma de expresarlo para engañarte y tirar de la lana sobre tus ojos.

No hay nada que sea experimental o a corto plazo cuando se trata del gobierno. Una vez que se aprueba un proyecto de ley, se convierte en una realidad en toda regla. Lo probarán durante unos dos minutos y luego se implementará en todo Estados Unidos como un maremoto. Recuerde que los programas gubernamentales nunca desaparecen, simplemente se vuelven más grandes y más caros.

Recuerda esto, Biden te dijo que el nuevo acuerdo verde y el plan de reconstrucción de Estados Unidos no te costarían nada. Que se pagó. Parece que volvió a mentir, y lo pagarás cada vez que saltes a tu auto. Ese es un impuesto para todos, así que te mintieron cuando los demócratas dijeron que no te costaría nada.

Qué tal la parte en el plan de reconstrucción de Estados Unidos donde planean gastar cientos de miles de millones de dólares para contratar agentes del IRS? Planean auditar a todos sin importar cuál sea su nivel de ingresos.

No solo van a usar a estos agentes del IRS para recaudar más impuestos. Se van a utilizar para averiguar cuánto dinero está disponible para que el gobierno se apodere. Analizarán cuánto dinero tiene en sus cuentas de ahorro y jubilación.

Esto debería ser preocupante para todos por un par de razones. Primero significa que planean recaudar impuestos de todos y no puedes confiar en lo que dicen. En segundo lugar, demuestra que planean controlar, gravar o confiscar sus cuentas de ahorro y jubilación en algún momento.

Una última nota sobre el proyecto de ley Build Back America. Es un proyecto de ley socialista, muchas cosas en ese proyecto de ley nos inclinan hacia convertirnos en un país socialista. Esto es parte de su plan para superar a Estados Unidos.

Ahora podría continuar para siempre con escenarios, pero no creo que lo necesite también. Creo que entendiste el punto. Pueden decirte una cosa, como que no voy a aumentar tus impuestos sobre la renta, pero te gravarán de una manera diferente.

Como dije antes, han dominado el arte de la manipulación y el robo a los estadounidenses. Así que la próxima vez te digan que solo van a subir los impuestos a ciertas personas. Piénsalo dos veces por quién estás votando. Te mentirán para obtener tu voto y luego te arrojarán frente a la línea de pago de impuestos. De una forma u otra.

Entonces, en lugar de tratar de esconderse de los impuestos o hacer que alguien más pague su cuenta. También podrías levantar la mano y ofrecerte como voluntario. Porque pagarás impuestos más altos de una manera u otra. Puedes ofrecerte como voluntario para pagar impuestos o cuando conviertan a Estados Unidos en un país socialista, simplemente tomarán todo lo que tienes.

Si no hacemos algo para controlar nuestra deuda en Estados Unidos, esto es lo que también debemos mirar hacia adelante. Parte de nuestro gobierno está de acuerdo con acumular la deuda. Porque su objetivo es convertir a

Estados Unidos en un país socialista donde lo controlen todo.

Una forma de lograr esto es acumular la deuda tan alta y aumentar los impuestos tan alto. Que no tienes más remedio que conformarte con sus caminos. Este es el plan en el que están trabajando, y tenemos que unirnos y ponerle fin.

La sociedad libre debe terminar

Es hora de ser brutalmente honesto. Hay mucha gente que se aprovecha del sistema. Quieren algo gratis. Podrías preguntarte por qué traigo esto a colación. Es porque aumenta nuestra deuda.

Vivimos en lo que me gustaría llamar una sociedad libre. No quiero decir que seamos libres. Quiero decir que todo el mundo quiere algo gratis.

Quiero una educación gratuita. Quiero atención médica gratuita. Quiero, quiero. Qué más puedo obtener gratis? Dame algo gratis. El problema es que nada es gratis. No existe tal cosa como un almuerzo gratis. Alguien debe pagar por ello.

Pero cuando llega el momento de devolverlo. No quieren devolverlo. Quieren que alguien más lo devuelva por ellos. Como descubrimos anteriormente, todos serán responsables de devolverlo de una manera u otra.

No solo tenemos individuos que se aprovechan del gobierno. Tenemos organizaciones, grupos de intereses especiales y empresas que están tomando dinero y realmente no lo necesitan.

Tenemos estados que no pueden controlar sus propios déficits, quieren más dinero del gobierno. Todos tienen sus manos en el frasco de galletas.

Ahora todos somos culpables de permitir que esto suceda. Porque tenemos la actitud de que, bueno, el dinero es gratis. Simplemente pueden imprimir más. Permitimos que esto suceda. Por lo tanto, Estados Unidos necesita unirse y dejar de gastar tanto dinero.

Necesitamos llegar al punto en que nos demos cuenta de que nada es gratis y dejar de depender del gobierno para que nos cuide. Cada vez que hacemos esto, nos lleva un paso más cerca del socialismo.

El otro problema que tenemos es que, cada vez que algo sucede en Estados Unidos, esperamos que el gobierno nos rescate. Por lo general, esto es en forma de dinero o cheques de estímulo. Hemos llegado al punto de que es normal hacer esto.

Para resumirlo todo, lo que estoy tratando de decir es que se ha vuelto normal que los estadounidenses extiendan su mano cada vez que sucede algo y digan, dame, dame, dame. El problema es que la mayoría de los estadounidenses no creen que haya consecuencias en esta acción, pero las hay.

Hemos sido programados como estadounidenses, para gastar dinero. Nos hemos acostumbrado a ello. La mayoría de los estadounidenses corren con la actitud. Que podemos simplemente gastar, gastar, gastar. Solo puede gastar tanto dinero antes de que la deuda deba pagarse. No es diferente a poseer una tarjeta de crédito. Hay un límite y luego debe ser devuelto.

La deuda de nuestros países no es diferente. Solo podemos acumular la deuda tanto, entonces va a tener que ser pagada. Ya que todos participamos en el aumento de la deuda. Dependerá de todos nosotros devolverlo.

No me malinterpreten, nuestros funcionarios electos hacen su parte de gastar en exceso y usar nuestro dinero para cumplir con sus propias agendas personales, pero permitimos que suceda.

Nosotros, como estadounidenses, hemos tenido la actitud de que quiero lo mejor, sin importar el costo. Hemos sido programados para gastar, gastar, gastar como gangbusters. Esa actitud debe cambiar. Necesitamos dirigir y controlar el gobierno como dirigimos nuestros hogares, con un presupuesto ajustado.

Ahora, como dije, la verdad duele. El hecho es que todos somos culpables de aumentar la deuda del país. Permitimos que suceda y la única forma en que cambiará es si le hacemos saber a nuestro gobierno que debe detenerse.

Tenemos esta actitud, que sabemos que la deuda debe ser pagada, pero cuando llega el momento de aumentar los impuestos para pagar la deuda. Todo el mundo comienza a jugar un juego de escondite. No yo, no me encuentres, encuentra a alguien más. Haz que alguien más lo pague. No es mi responsabilidad, bueno, en realidad lo es.

Todo mi punto detrás de esto es que nada es gratis. Todo se paga con nuestros dólares de impuestos y cada vez que pedimos algo gratis aumenta la deuda en nuestro país. Debe pagarse de alguna manera y eso es a través del pago de impuestos más altos.

Cuando se trata de la sociedad quiero algo para la libertad, el gobierno te ama. Por qué, porque en cualquier momento pueden crear un programa para que dependas más del gobierno. Los acerca un paso más a convertir el país en socialista. Esto es lo que quieren, quieren que dependas de ellos, y estás cayendo en su trampa.

Pero recuerda esto. Aunque crees que eres inteligente porque tienes algo gratis. Lo pagarás caro renunciando a todo al final. Una vez que conviertan a nuestro país en socialista, te quitarán todo.

En cuanto a todos los demás que no quieren renunciar a todos sus derechos y no quieren vivir en un país socialista donde usted es propiedad del gobierno. Si no ponemos fin a la sociedad libre y a nuestro gobierno tratando de cumplir su búsqueda de convertir a nuestro país en socialista. Todos lo pagaremos con cada onza de libertades que nos queden.

Covid-19

Quiero decir, antes de seguir con esto. Mi corazón está con todos los que se vieron afectados por COVID-19. Personalmente perdimos a un miembro de la familia debido a eso y hemos tenido miembros de la familia que se enferman. Entonces, todos nos hemos visto afectados por eso.

Te voy a dar un ejemplo y puede que no sea el mejor ejemplo. Pero el Covid-19 ha elevado bastante la deuda en Estados Unidos. Ahora no me malinterpreten. Nadie pidió que el Covid-19 estuviera aquí, y muchos de nosotros pasamos por un momento difícil.

Pero lo que va a suceder a continuación es que todo el mundo va a usar el Covid-19 como una excusa de por qué nuestra deuda es tan alta y simplemente no es cierto. Por supuesto, aumentó nuestra deuda.

La razón por la que menciono esto es, porque antes de COVID-19, ya teníamos una gran deuda. Ya estábamos acostumbrados a gastar dinero como gangbusters. Por lo tanto, no podemos usar el Covid-19 como la única excusa de por qué nuestra deuda es tan alta.

Aquí hay algunos números. A finales de 2019, nuestra deuda nacional era de alrededor de $ 22 billones. Esto es antes de que el Covid-19 golpee al país. Nuestra deuda promedio sube de $ 2 a $ 3 billones al año. Entonces, incluso sin covid-19, nuestra deuda habría sido de alrededor de $ 25 billones para 2021.

Nuestra deuda aún habría aumentado incluso si el Covid-19 estuviera aquí o no. Puede que no haya subido tanto como lo hizo. Pero como dije, los estadounidenses están acostumbrados a gastar dinero y la deuda aún habría aumentado. Todavía tendríamos una deuda enorme.

No voy a continuar con eso por mucho tiempo, entendiste el punto. Lo que quiero que te hagas es una pregunta honesta. Cuando el Gobierno entregó cheques de estímulo para el Covid-19, lo gastó para pagar sus cuentas?

El gobierno entregó los cheques de estímulo porque esa era su intención. Sabían que la gente se estaba atrasando en sus hipotecas y facturas. Entonces, crearon los cheques de estímulo para ayudar a las personas a pagar su deuda. Es lo que todos pedían y querían. Nosotros, como nación, pedimos ayuda.

Podrías pensar, trabajo para el gobierno, no trabajo para el gobierno? Pero el gobierno, hizo lo que la gente les pidió que hicieran. Eso fue para darte dinero para ayudarte a pagar tus cuentas. Eso es ser honesto. Una vez más, les permitimos pedir prestado más dinero del que se necesitaba. Llegaremos a eso en un momento.

Para aquellos de ustedes que gastaron su cheque de estímulo para pagar su hipoteca o facturas, felicitaciones para usted. Gastaste el dinero en lo que estaba destinado, camino a seguir.

Pero lo que sucedió en cambio fue que mucha gente se fue de compras, respiró hondo, se relajó, no estoy acusando a todos. Gastaron su cheque de estímulo para ir de compras y no fue para comprar comida o pagar sus cuentas. En este punto, es posible que estés riendo, gritando, gritando o que pienses que soy un idiota. Pero puedo demostrarlo.

Tengo cuatro sitios web. Conozco a mucha gente que también dirige negocios. Lo que es extraño es que nuestras ventas aumentaron drásticamente justo después de que se entregaron los cheques de estímulo. Esto me dice que mucha gente realmente no usó el dinero para pagar sus cuentas. Pero tomaron el dinero y salieron de compras.

También puedo verificar esto porque, tomamos pedidos telefónicos. Tuve un chico que me dijo específicamente por teléfono, que recibió su cheque de estímulo y que tenía que gastarlo. Mi primer pensamiento fue, bueno, se supone que debes usar ese dinero para pagar tus cuentas, para que podamos disminuir la carga sobre la economía. Bueno.

Ahora, no quiero ser duro con esto, pero estoy tratando de hacer un punto. Mucha gente tomó dinero y no hizo lo que se suponía que debían hacer con él. Hay parte de eso, quiero algo gratis.

Por lo tanto, permítanme demostrar mi punto de vista nuevamente sobre la naturaleza humana y no todos tienen la culpa. Esto es lo que va a suceder a continuación. Todas las personas que tomaron el dinero y no lo usaron para pagar sus cuentas, todavía van a estar atrasadas en sus facturas e hipoteca. Esto supone una enorme carga para nuestra economía.

Entonces van a estar mirando al gobierno para rescatarlos de nuevo. Van a pedir otro cheque de estímulo. Esto elevará aún más nuestra deuda. Porque no usaron el dinero como estaba previsto.

Como dije, iba a ser brutalmente honesto. No te enojes conmigo. A veces decir la verdad duele. Pero estos son los hechos. No pagaron sus cuentas y pedirán más dinero.

Mientras estás sentado aquí leyendo esto, debes hacerte la pregunta honesta. Qué hiciste con tu cheque de estímulo?

Ahora sé que usar Covid-19 puede haber sido un mal ejemplo. La única razón por la que lo usé es porque fue uno de los últimos eventos en los que le pedimos dinero gratis al gobierno. Mi punto es con o sin Covid-19. El pueblo estadounidense siempre encontrará formas de gastar dinero y pedir un rescate. Nos hemos acostumbrado.

Lo hemos estado haciendo durante mucho tiempo. Hemos estado acumulando deudas durante mucho tiempo. Nos hemos acostumbrado a ello. El problema es que la deuda es nuestra deuda, y debe ser pagada.

Hablemos un poco más sobre la naturaleza humana y la voluntad de algunas personas que quieren aprovecharse del sistema, sin importar cuál sea el costo.

Hablemos del desempleo. Durante la pandemia de Covid-19, el gobierno aumentó y amplió la cantidad del seguro de desempleo para ayudar a las personas que perdieron sus empleos.

Mi opinión sobre el desempleo es que lo necesitamos. Muchas personas pierden sus trabajos por razones inesperadas y se necesita ayuda. Creo que todos estamos de acuerdo en eso. El punto detrás del desempleo es que está ahí para ayudarlo hasta que pueda volver al trabajo.

Prácticamente hemos trabajado durante la pandemia de Covid-19, y todo ha vuelto a la normalidad para la mayoría de las personas. Los únicos que no están volviendo a la normalidad son los que todavía quieren usar el Covid-19 como excusa.

Los empleos están volviendo fuertes, y las empresas están contratando. Sin embargo, tenemos personas que se niegan a volver a trabajar y se están aprovechando del sistema, porque están ganando más en el desempleo.

En lugar de volver a trabajar y disminuir la carga sobre la economía, han decidido aprovechar el sistema. Ya sea que el desempleo sea pagado por el empleador o reembolsado a través del gobierno, todos terminarán pagando por ello.

Cuando el empleador debe pagar un seguro de desempleo más alto, va a pasar ese costo al consumidor. Pagarás más por todo. Sin mencionar que afectará los salarios.

Esta acción de personas que se aprovechan del dinero gratis y se sientan en el desempleo, ejerce una gran presión sobre nuestra economía. Las empresas no podían encontrar personas para trabajar. Los bienes no estaban siendo entregados. Los estantes de las tiendas se quedaron vacíos. Ahora la Navidad de 2021 parece que será un páramo estéril para muchas personas.

Dije que iba a ser honesto. Algunos de los problemas que estamos viendo hoy fueron causados por el quiero algo para la sociedad libre. Ahora no me malinterpreten, nuestro gobierno sigue siendo el culpable de nuestros problemas y nuestra deuda. Tendrá sentido a medida que avancemos.

Ahora vayamos al grano. Siendo que nosotros, como estadounidenses, tenemos esta actitud despreocupada cuando se trata de gastar dinero, obtener algo gratis y ayudamos a acumular nuestra deuda. Esa deuda va a tener que ser pagada. Solo podemos aumentar la deuda tanto antes de que deba pagarse.

La única forma de pagar la deuda es aumentar los impuestos. Habrá que subir los impuestos, a todos. Esto es lo que va a pasar. Los impuestos se elevarán a todos. Por supuesto, el gobierno tendrá más dinero. Pero no se utilizará para pagar la deuda. Se utilizará solo para pagar la factura mensual de la deuda que ya tenemos.

Entienda esto, el gobierno pide dinero prestado para mantener la economía en marcha. No es diferente a si pide dinero prestado y debe pagar la factura. El gobierno pide dinero prestado y es nuestro trabajo pagar esa factura todos los meses. Esto se hace a través de los impuestos.

Dado que solo estamos pagando la factura mensual de la deuda que debemos, la deuda no disminuye. Como solo estamos pagando la factura mensual y estamos acostumbrados a gastar y pedir dinero prestado, la deuda continuará aumentando. Entonces, la deuda seguirá subiendo porque solo estamos pagando la factura mensual de la deuda que tenemos.

Para mantenernos al día con el pago de la deuda que tenemos, y la creciente deuda, los impuestos tendrán que ser aumentados de nuevo. Ahora, no voy a seguir repitiendo esto, el ciclo continúa de esta manera. La deuda sigue aumentando, tenemos un pago de deuda más alto, se necesitan recaudar más impuestos para pagar ese pago de deuda, y ese ciclo continúa.

Es un ciclo interminable a menos que hagamos algo al respecto. Eso significa que tenemos que dejar de gastar y controlar nuestro presupuesto. También significa que debemos evitar que nuestro gobierno use nuestro dinero para sus propias agendas personales.

Ahora mencioné anteriormente que necesitamos asumir parte de la culpa de nuestra deuda, pero no mucho. Así que hazme un favor y respira hondo y relájate por un momento. Me explico. Primero, no hay nada malo con las personas cuando necesitan o piden ayuda.

La forma en que lo veo es que a veces la gente necesita ayuda y eso está perfectamente bien. Además de eso, es nuestro dinero y si necesitamos usarlo para ayudar a las personas en tiempos difíciles, está perfectamente bien. Creo que todos podemos estar de acuerdo con eso.

Pero aquí es donde tenemos un problema. Tienes derecho a estar molesto con tu gobierno. Son el mayor problema que tenemos. Piensa en esto mientras lo explico.

De los billones de dólares que los demócratas acumularon nuestra deuda, por lo que llamaron paquetes de alivio de Covid-19. Le dieron al pueblo estadounidense alrededor del 9%. El resto del dinero se destinó a organizaciones, empresas y grupos de intereses especiales.

Ahora los demócratas le dirán que esto era necesario para ayudar a nuestro país, pero no es cierto. Si estuvieran preocupados por Estados Unidos y nuestra deuda, habrían pedido prestado lo suficiente para ayudar a los estadounidenses que estaban sufriendo.

Una vez más, se aprovecharon de un problema en Estados Unidos y usaron el dinero de los contribuyentes estadounidenses para cumplir con sus propias agendas. Por lo tanto, tenemos todo el derecho a estar molestos con nuestro gobierno y todo el derecho a culparlos por los problemas que tenemos.

Ahora bien, no todos nuestros políticos tienen la culpa. Los republicanos trataron de luchar contra el proyecto de ley, diciendo que tenía demasiado relleno y que había mucho gasto derrochador. Pero nadie quería escuchar.

Por qué los demócratas están tan empeñados en aumentar nuestra deuda? Porque encaja en su plan de convertir a Estados Unidos en un país socialista. Los demócratas, muchas personas ricas, empresas y organizaciones han tenido un plan durante mucho tiempo para superar a este país.

Ese plan es aumentar nuestra deuda tan alto, que no tengamos más remedio que ajustarnos a su plan. Quieren que todo sea controlado bajo su poder. Por lo tanto, pueden hacer lo que quieran y no tienen que preocuparse por sus derechos o lo que piensa.

Entonces, dónde encajamos en todo esto? Bueno, tenemos que ponerle fin sacando del poder lo más rápido posible. Si no lo hacemos, implementarán su plan en orden rápido y te poseerán.

Entregue su cheque de pago al gobierno.

Hablemos de cómo terminará dando todo su cheque de pago al gobierno. Ahora podrías pensar que esto es ridículo. Para cuando terminemos con este capítulo, es posible que tenga una perspectiva diferente.

Ahora, me doy cuenta de que hay algunas personas que estarían perfectamente felices con entregar su cheque de pago al gobierno y recibir todo pagado. Pero creo que la mayoría de la gente quiere mantener su cheque de pago y gastar su dinero como quiera.

Esta es una forma en que perderá su cheque de pago. Hablaré de otros.

Eventualmente, se le cobrarán tantos impuestos, que no le quedará nada en su cheque de pago. Todo va a ayudar a pagar la deuda que hemos acumulado. Por lo tanto, usted estará dando todo su cheque de pago al gobierno para ayudar a pagar la deuda, a través de los impuestos.

Si recuerdas la historia al principio sobre la entrevista con el caballero que solías vivir en un país socialista, entonces la declaración de ser gravado con cargo a tu cheque de pago debería tener sentido.

Qué crees que pasa en un país socialista? Ellos controlan todo. Eso significa que pueden implementar tantos impuestos como quieran. Cuando terminen de implementar los impuestos, simplemente tomarán lo que necesiten. Esto incluye su cheque de pago si es necesario.

Quiero que lo veas de esta manera. Su plan es controlarlo todo. Esto significa que quieren que todo el dinero que se genera en los Estados Unidos vaya al gobierno. No importa cómo se haga o genere ese dinero, quieren control sobre todo.

Luego decidirán lo que te van a dar. Se trata de que el gobierno y algunos de sus compinches controlen todo lo que sucede en Estados Unidos. Se trata de que sean muy ricos y que solo tengas un nivel de vida general bajo sus reglas y lo que sienten que mereces. Lo cual no será mucho.

Ya tienen un plan para confiscar su cheque de pago. Su objetivo es que todos les entreguen su cheque de pago y ellos decidirán cómo vives. Así es como van a implementar esto.

Las compañías en Estados Unidos ya no le darán un cheque de pago. El dinero que se genera o las ganancias que se generan de las empresas en Estados Unidos irán directamente al gobierno. Entonces el gobierno te dará tanto dinero para vivir. Será como si volvieras a ser un niño y tus padres te den un subsidio para vivir.

El problema que tienes en Estados Unidos es que tienes algunas personas, políticos y organizaciones que desprecian a las personas ricas. Les irrita completamente que debido a una sociedad libre y un mercado capitalista libre algunas personas se hayan vuelto muy ricas.

Pero lo que hace grande a Estados Unidos es esa libertad para poder hacerse rico. Bueno, esto simplemente desprecia a algunas personas que son celosas, codiciosas o piensan que es injusto. Sienten que tienen derecho a lo que todos los demás tienen. Pero no quieren dedicar tiempo o trabajo para lograrlo.

Debido a que tenemos algunas personas, políticos y organizaciones que se sienten de esta manera, plantea un problema en Estados Unidos. Cómo hacemos que las cosas sean justas para todos? Bueno, la respuesta es simple. Tomamos de los que tienen y damos a los que no tienen.

La mejor manera de hacerlo es que el gobierno controle todo. Si se llama socialismo o comunismo, tú decides. Pero de cualquier manera tienen un plan para hacerlo.

Ahora el mayor problema con esto es. Todavía te quedarán algunas personas ricas en Estados Unidos. Será su gobierno y algunos de sus compinches ricos. Vivirán en lo alto del cerdo mientras te arrojan centavos. Serán ricos mientras vivas en el nivel de pobreza.

Ahora hay un par de otras razones por las que es posible que tenga que entregar su cheque de pago al gobierno. Uno es debido a los programas de derechos. Programas de redistribución destinados a abordar problemas como los bajos ingresos y el bienestar. Ahora hay otros programas de derechos como Medicaid, Medicare, Seguro Social, Desempleo.

Pero centrémonos en los programas de bajos ingresos y bienestar. Toda la idea de convertirse en un país socialista es la distribución de la riqueza. Hacer que el campo de juego sea igual para todos. Esto significa dar su dinero a otras personas, por lo que tenemos la misma riqueza.

Pero no nos centremos en programas de bajos ingresos o de bienestar. Expandamos eso al resto de las personas que simplemente sienten que tienen derecho. Tenemos una buena parte de nuestra sociedad que sienten que tienen derecho a lo que otras personas tienen.

Sienten que tienen derecho a la riqueza que algunas personas han acumulado. A medida que crece el número de personas que sienten que tienen derecho. El peligro de convertirse en un país socialista comienza a moverse a un ritmo rápido.

Una última razón por la que se verá obligado a renunciar a su cheque de pago y todo lo demás es por la igualdad o la equidad. Me escucharán mencionar esto un par de veces más a medida que avancemos.

La igualdad significa que cada individuo o grupo de personas recibe los mismos recursos u oportunidades. La equidad reconoce que cada persona tiene circunstancias diferentes y asigna los recursos y oportunidades exactos necesarios para alcanzar un resultado igualitario.

Cuando nos fijamos en la igualdad o la equidad, tienen algo en común y es tener los mismos o exactos recursos. Pues adivina qué, tu dinero es un recurso. Tomar dinero de ti y dárselo a otra persona nos hace a todos iguales.

Lo que también significa es crear oportunidades para otros que pueden no tener los medios. Cosas como la educación gratuita y muchos otros programas gratuitos. Bueno, se necesita dinero para lograr esto. Creo que entendiste el punto, y no necesito continuar.

Ahora, si te fijas durante el levantamiento en 2020, la igualdad y la equidad se convirtieron en grandes temas. Los demócratas se subieron a ese carro a toda prisa. No porque se preocuparan por la gente. Han demostrado que no les importaba ni un ápice la gente después de que se hicieron cargo de la Casa Blanca. Dejaron a todos atrás.

Se subieron a bordo porque podían usar a la gente para cumplir con su agenda. Eso fue para que pudieran ser elegidos e implementar su agenda de conquistar al país. Por lo tanto, podrían impulsar sus políticas y forzar a nuestro país al socialismo.

Si esto no te dice cuál es el carácter de estas personas, entonces no sé qué más decir, excepto que tal vez es hora de que TE DESPIERTES. Lo siento, trato de no irritarme cuando escribo. Pero me desconcierta cuántas veces se puede mentir a las personas y caen en los mismos trucos cada vez. Siguen eligiendo a las personas que les mienten y terminan sin hacer nada por ellos.

De todos modos, creo que puedes ver cuál es su plan y cómo implica quitarte el dinero. Necesitamos unirnos y dejar en claro a nuestro gobierno que robar y gastar nuestro dinero en sus agendas personales debe detenerse. Es nuestro gobierno y deben hacer lo que la gente quiera. Si seguimos permitiéndolo, solo va a empeorar.

Adiós a los ahorros y la jubilación

Ahora no voy a dedicar mucho tiempo a este tema. Se relaciona con dar todo su cheque de pago al gobierno. Hay un par de razones por las que es posible que tenga que decir adiós a sus ahorros y jubilación.

Hace unos años, una de las cosas que surgieron fue la idea de sumergirse en las cuentas de jubilación y ahorro de las personas para ayudar a pagar la deuda. Esa idea fue planteada por los demócratas y fue cerrada de inmediato debido a quién era el presidente en ese momento. Ese fue Donald Trump quien cerró esa idea. Al menos en ese momento.

En el último capítulo descubrimos cómo es posible que usted esté dando todo su cheque de pago al gobierno a través de los impuestos, el socialismo o el comunismo. Porque subimos la deuda tan alto. La misma regla se aplica aquí.

Una vez que nuestra deuda sube tan alto y su cheque de pago se ha ido debido a los impuestos o el socialismo. Para pagar la deuda que hemos acumulado, se nos pedirá que renunciemos a lo que tenemos en nuestras cuentas de ahorro y jubilación para mantener el país en funcionamiento. Ahora estoy seguro de que mucha gente estaría molesta por esto.

Podrías pensar que esto nunca sucedería o que no hay forma de que pueda suceder. Estoy aquí para decirles que eventualmente sucederá, si no enderezamos la deuda que tenemos en nuestro país. Una vez que se desmantele la constitución, no tendrá más derechos ni protección. Aprobarán las leyes que necesiten.

Este es el problema que tienes. La semilla ya ha sido plantada en la mente de muchos. Una vez que se planta una semilla, comienza a crecer. Eventualmente florece en una planta adulta. En este caso será una hierba fea que a nadie le gusta. El punto es que la semilla ha sido plantada y madurará en algo real, siempre lo hace.

Otra cosa a considerar es. En este momento, en los Estados Unidos, tenemos mucha división en marcha. Parte de nuestra población cree que todos deben ser iguales o tener igualdad. Otros todavía creen que tenemos derecho a tener éxito, ganar riqueza y vivir el sueño americano.

El sueño americano siempre ha sido la libertad. La libertad de ganar tanto dinero como quieras. La libertad de gastar su dinero como mejor le parezca. La libertad de acumular riqueza. La libertad de triunfar.

Pero, como dije, tenemos muchas personas que piensan que todos deberíamos ser iguales o tener igualdad. Lo que quiero decir con esto es que todos deberíamos ser dueños de la misma casa, conducir el mismo automóvil, tener la misma cantidad de dinero. Este tema ha estado apareciendo mucho últimamente.

La igualdad significa que cada individuo o grupo de personas recibe los mismos recursos u oportunidades. El número de personas que creen en la igualdad está creciendo. A medida que crece, más personas se suben a bordo.

Entonces, lo que esto significa para todas las personas que han logrado ganar riqueza, se les pedirá que renuncien a su dinero, para que todos podamos ser iguales o tener igualdad. Ahora bien, esto no parece justo, pero mucha gente piensa que es justo. Por qué una persona debería tener más que la otra?

Ahora, el problema con la igualdad es que arruina la economía. Déjame explicarte. Digamos que eres una de esas personas que trabaja 60 horas a la semana porque tienes el impulso para tener éxito. Usted guarda dinero, para que pueda tener ahorros, jubilarse temprano o tener una buena jubilación.

Una vez que pierdes todo ese dinero, tu impulso para trabajar y tener éxito desaparece. Seamos honestos, por qué debería trabajar 60 horas a la semana, cuando mi vecino decide, no necesita trabajar y tiene las mismas cosas que yo? Diablos, para ser honesto, mucha gente dejará de trabajar. Por qué trabajar cuando puedo obtener todo gratis y vivir igual que todos los demás?

Como puedes ver, la igualdad no funciona. Destruye la voluntad de uno, para tener éxito y no hay dignidad o respeto que ganar trabajando. No se puede tener a la mitad del país trabajando y a la otra mitad sin trabajar y mantener una buena economía o medio ambiente, conduce a muchos problemas.

Como puede ver, el sueño americano se ha ido debido a la igualdad. Bueno, el nuevo sueño americano para la izquierda es la igualdad. Hay mucha gente que se sube a bordo con esta teoría. Si alguna vez se implementa, será el fin de nuestra economía tal como la conocemos.

Es posible que tengas la actitud de que esto no me afectará. Pero si te preocupas por el futuro de tus hijos o nietos, es posible que desees pensar en lo que les estás dejando.

Nuestra única forma de salir de esto es que el pueblo estadounidense cambie nuestra actitud sobre cuánto dinero está gastando nuestro gobierno y acumulando deudas. Tendrá que ser pagado en algún momento. Si no lo conseguimos, el futuro será sombrío e interesante.

Para resumir los últimos capítulos, quiero que recuerdes una cosa. Su plan es tomar todo lo que tienes y controlar cada aspecto de tu vida. Están trabajando en el desmantelamiento de la constitución para que esto suceda.

Una vez que se desmantele la Constitución, crearán leyes para que esto suceda. Recuerda que se trata de que ellos tengan todo y tú no tengas nada. Obviamente hay mucha riqueza para que ganen, o no serían tan inflexibles al respecto.

Sé que mencioné esto antes. Qué tal la parte en el plan de reconstrucción de Estados Unidos donde planean gastar cientos de miles de millones de dólares para contratar agentes del IRS? Planean auditar a todos sin importar cuál sea su nivel de ingresos.

No solo van a usar a estos agentes del IRS para recaudar más impuestos. Se van a utilizar para averiguar cuánto dinero está disponible para que el gobierno se apodere. Analizarán cuánto dinero tiene en sus cuentas de ahorro y jubilación.

Esto debería ser preocupante para todos por un par de razones. Primero significa que planean recaudar impuestos de todos. En segundo lugar, demuestra que planean controlar, gravar o confiscar sus cuentas de ahorro y jubilación en algún momento.

No hay otra razón para contratar a tantos agentes del IRS, a menos que desee saber cuánto dinero está disponible para agarrar. Una vez más, si no ponemos fin al plan de nuestro gobierno y a su gasto imprudente, no nos quedaremos sin opciones. Todos caeremos en nuestra propia desaparición.

Trabaja hasta que mueras

La edad de jubilación ya ha cambiado varias veces en los Estados Unidos. Hay varias razones para ello. La gente vive más tiempo. No hay suficientes trabajadores que paguen al sistema para apoyar la seguridad social. No hay suficiente dinero en la cuenta. Al menos estas son las excusas que escuchamos.

Ahora, quiero decir esto antes de continuar. Hay mucha gente genial en Estados Unidos, realmente la hay. Somos algunas de las personas más generosas del mundo. La mayoría de nosotros simplemente vivimos nuestras vidas normales y no nos involucramos ni prestamos atención a lo que está sucediendo en nuestro país.

El problema es que se está aprovechando de nuestra generosidad. Si no fuera por nuestros gobiernos gastando tontamente y robando nuestro dinero para sus propias agendas personales. Tendríamos mucho dinero disponible para la seguridad social y otros beneficios

El seguro social es un programa que se creó para que usted se jubile. Mientras trabaja, paga al seguro social, por lo que cuando se jubile, puede obtener un cheque para ayudar a pagar sus facturas.

Durante años hemos escuchado que la cuenta del seguro social está casi explotada. Que no hay suficiente dinero en la cuenta para las generaciones futuras.

Cree que se ha aprovechado porque tenemos demasiadas personas jubiladas que reciben beneficios? Lo crees porque ha sido mal manejado? Crees que es porque mucha gente se está aprovechando del sistema?

Bueno, la respuesta es muy probablemente todos ellos. Pero una vez más, estaría en mejor forma si no fuera porque el gobierno asigna fondos mal o usa nuestro dinero para apoyar otras causas.

Si lees los últimos capítulos, puedes ver cómo todo esto se une. Bueno, el seguro social, Medicaid y Medicare no son diferentes. A medida que estas cuentas se queden sin dinero, la edad de jubilación va a aumentar.

Esto tendrá que suceder para seguir aportando más dinero al sistema. Eventualmente, la edad de jubilación será tan alta, que las personas trabajarán hasta que mueran. No habrá tal cosa como la jubilación.

Ahora recuerda. Cuando el gobierno desmantele la constitución y convierta a nuestro país en socialista. Pueden implementar cualquier ley, regla y regulación que deseen. Esto incluye la edad de jubilación.

La otra cosa en la que hay que pensar es en que ponen a más personas en programas gubernamentales que no están funcionando. Quien se quede trabajando tendrá que pagar esa cuenta. Esto significa que tendrá que seguir trabajando para ayudar a mantener la economía en marcha.

Vivienda del futuro en Estados Unidos

Oye, te gusta el lugar donde vives? Te gusta la libertad de poder elegir dónde quieres vivir? Bueno, no te acostumbres. Porque es posible que tenga que mudarse en el futuro.

Hubo una idea que estaba siendo impulsada por algunos demócratas sobre cómo pueden obligar a las personas a vivir más cerca de donde trabajan. Esta idea surgió para reducir la contaminación. Retirando los coches de la carretera o haciendo que la gente conduzca menos kilómetros.

La idea era crear una ley en la que tuvieras que vivir a pocos kilómetros de tu trabajo. La idea fue rechazada en ese momento por los republicanos y nunca ganó tracción en ese momento.

Bueno, los demócratas no son personas completamente estúpidas cuando se trata de controlarte. Saben que hacer cumplir una ley que ordena o le dice a la gente dónde vivir no encaja bien. Entonces, encontraron una forma diferente de evitarlo.

En el plan build back America, le están agregando un nuevo impuesto. Ese es el impuesto al kilometraje. Así es, pagarás por cada milla que conduzcas. No importa si está conduciendo al trabajo de vacaciones o de compras. Vas a pagar por milla.

Entonces, digamos que tienes la suerte de vivir en el país y conduces al trabajo todos los días. Te encanta vivir en el campo. Bueno, ahora que será gravado por cada milla que conduzca, es posible que no pueda permitirse vivir en el país.

Es posible que se vea obligado a acercarse al trabajo dependiendo de qué tan mala sea esta carga tributaria. O eso o dejar de gastar tu dinero en cosas que te gustan. Por lo tanto, puede permitirse conducir al trabajo. Me pregunto cómo se va a ver afectada la economía por esto.

Ahora los demócratas le van a decir que este impuesto al kilometraje se puso en el plan de reconstrucción de Estados Unidos para ayudar a pagarlo. Eso puede ser cierto o no. Hay otras agendas ocultas allí.

Los coches eléctricos no consumen combustible. Por lo tanto, no tiene sentido aumentar el impuesto a la gasolina. En cambio, encontraron una manera de evitarlo para que todos los automóviles en la carretera paguen impuestos, incluidos los autos eléctricos. Eso significa que todos estamos pagando el gasto que implica cambiar a vehículos eléctricos con este nuevo impuesto.

Como he dicho en otras partes del libro. Si hay dinero que ganar, entonces por qué las empresas no se suben a bordo y lo subsidian? Por qué deberían hacerlo cuando pueden usar a los contribuyentes para subsidiar sus aventuras? Es un poco gracioso cómo los estadounidenses están siendo utilizados para hacer ricas a otras personas.

Ahora el problema con este nuevo impuesto es que tiene un efecto de goteo. Lo que significa que afecta su vida cotidiana. Ahora le costará más ir a trabajar, ir de compras, correr a los niños o de vacaciones. Tendrá que tomar algunas decisiones difíciles sobre lo que va a comer o dónde vivir. Al igual que el tipo de la historia al principio del libro.

De todos modos, no me preocuparía mucho por eso, porque a medida que siguen adelante con su plan de convertir al país en socialista. Eventualmente te obligarán a vivir cerca de donde trabajas.

De todos modos, vamos a divertirnos un poco. Encontré un nuevo tema musical para los demócratas. Puede buscarlo en su computadora si lo desea. Es una canción de Blondie, de una forma u otra. Encaja perfectamente con la misión del demócrata. Es un gran lema para ellos.

De una forma u otra, voy a encontrar a ti. Voy a conseguir ya, get ya, get ya, get ya, get ya. De una forma u otra, voy a poseer ya. Voy a conseguir ya, get ya, get ya, get ya, get ya. De una forma u otra.

Sin empleos y pobreza

Sé que discutimos los impuestos en los capítulos anteriores. Hice la pregunta. Si aumentas los impuestos a las empresas, te afecta? La respuesta es, sí, lo hace.

Cuando aumentas los impuestos a las empresas, se crea un efecto de goteo. Recuperar el dinero extra que están pagando en impuestos. Aumentarán los precios de sus productos o despedirán a la gente? De cualquier manera, tiene un efecto de goteo.

Cuando aumentas los impuestos a las grandes empresas, van a despedir gente o te van a pasar ese gasto. A largo plazo, estás pagando más por todo lo que compras. Te lo van a conseguir subiendo sus precios, lo que causa inflación.

Sin mencionar que cuando se suben los impuestos lo suficientemente altos a algunas empresas, se mudarán del país. Porque pueden disminuir su carga tributaria u obtener una mejor exención de impuestos al mudarse de Estados Unidos.

Esto significa menos empleos para el pueblo estadounidense. La tasa de desempleo aumentará porque habrá menos empleos. A medida que más personas sean despedidas, nuestra economía seguramente tendrá problemas.

Las empresas pueden permitirse mudarse fuera del país, y lo harán, lo han hecho antes debido a las obligaciones fiscales. El problema es que no puedes moverte, así que estás atrapado aquí para lidiar con las consecuencias.

Las pequeñas empresas en Estados Unidos que emplean a mucha gente serán las que más sufrirán. Tendrán tantos impuestos y regulaciones implementadas sobre ellos, que no podrán permitirse el lujo de permanecer en el negocio. Qué significa más desempleo a medida que cierran sus puertas?

Entonces, como puedes ver. Aumentar los impuestos a las empresas realmente no funciona. Tiene un gran efecto en nuestra economía. Convertirse en un país socialista y obligar a las empresas a entregar sus ingresos al gobierno tampoco funciona.

Las compañías que pueden permitirse salir de Estados Unidos se irán. Míralo de esta manera. Las empresas están en el negocio para ganar dinero. Si no pueden hacerlo en Estados Unidos, se irán y lo harán desde otro lugar. Lo han hecho antes y lo volverán a hacer.

Entonces, para las personas que compran esta idea de que haremos que los ricos y las grandes empresas paguen más impuestos, para que no tengan que hacerlo. Tienes un despertar grosero que viene.

Lo explicaré. A medida que nuestra deuda aumente, habrá que pagar más impuestos. Cuando las grandes empresas se muden del país, ya no pagarán impuestos al sistema. El gobierno no tendrá más remedio que aumentar sus impuestos.

Al final, todos los que queden en Estados Unidos terminarán asumiendo la carga fiscal. Eso significa que las pequeñas empresas que quedan o que aún no han cerrado y todos los contribuyentes individuales se fueron a los Estados Unidos. Eso significa que lo pagarás.

La única manera de que nuestro país sobreviva, es seguir siendo un país capitalista. La única forma en que nuestro país sobrevive es poner fin a estas ideas ridículas de que es mejor que seamos un país socialista. El socialismo nunca ha funcionado en ningún país, y será devastador para Estados Unidos.

Pobreza en Estados Unidos. Mucha gente piensa que nunca tendríamos un problema de pobreza en Estados Unidos. Pero si seguimos avanzando con la agenda de la izquierda para apoderarnos de nuestro país o convertirlo en uno socialista, lo haremos.

A medida que la tasa de desempleo aumenta porque las empresas han abandonado Estados Unidos debido al socialismo o a una alta carga impositiva. La cantidad de personas que viven en la pobreza aumentará. Esto enviará a la economía a una espiral descendente y tendrá efectos drásticos.

Cuantas más personas estén en desempleo, significa que todos los que quedan en Estados Unidos deben pagar por ellos. Inicialmente, el seguro de desempleo subirá a las empresas que queden. Esto incluye a las pequeñas empresas que quedan. Los que aún no han cerrado sus puertas.

A medida que las empresas que quedan están remachadas por los mayores costos del seguro de desempleo. Tendrán que subir los precios o despedir gente. Como puede ver, las cosas se agravan lentamente y empeoran con el tiempo.

Siendo que no quedan suficientes compañías para pagar lo que se necesita para mantener el pago del seguro de desempleo. El gobierno tendrá que pagar la cuenta. Lo que significa que lo cobrarán de usted, el contribuyente. Ayudarás a pagarlo.

Ahora, una cosa a recordar es que los beneficios de desempleo solo duran tanto tiempo y luego el beneficio desaparece. Podrías ir a buscar otro trabajo, pero eso no va a suceder.

Por qué porque la mayoría de las grandes empresas que podrían mudarse, se han mudado debido al socialismo o los altos impuestos? La pequeña empresa, o las empresas que quedan, no pueden permitirse el lujo de contratar debido a la carga que se les ha impuesto.

Una vez que se agote su beneficio de desempleo. No tendrás dinero entrando. Ahora te unirás a las filas de los afectados por la pobreza. Esto es lo que obtienes cuando no crees en el capitalismo. Esto es lo que sucede cuando un gobierno se hace cargo de un país y se convierte en un país socialista.

Esto es solo una cosa que sucede para llevar a Estados Unidos a la pobreza. El problema ahora se va a agravar. Las cosas van a empeorar.

El problema es. Para las personas que todavía están trabajando porque están pagando impuestos más altos, no les quedará mucho o dinero para gastar de su cheque de pago. No podrán permitirse ir de compras o comprar cosas.

El problema ahora se va a agravar para las empresas que quedan en Estados Unidos. Ahora tienen altos gastos debido a los impuestos y otros costos y no ingresan dinero de las ventas.

Adivina lo que eso significa, deben reducir costos. Esto significa despedir o cerrar a la gente. Así es, lo dije, muchas empresas no sobrevivirán a la carga que se les impondrá y tendrán que cerrar.

A medida que las empresas cierran debido a la carga que se les impone. Esto significa menos o ningún empleo. También significa que más personas no tendrán ingresos y vivirán en la pobreza.

Piensa en esto la próxima vez que estés de acuerdo con la agenda de la izquierda. Piénsalo cuando ataques al capitalismo y levantes la mano por el socialismo. Esto es para lo que te estás uniendo. No sé ustedes, pero no parece un Estados Unidos en el que quiera vivir.

Dólares de los impuestos para crear empleos

Ahora me gustaría hablar sobre cómo la creación de facturas y el uso del dinero de los impuestos para crear empleos no funciona.

Crear facturas y usar impuestos para crear empleos, no funciona. Cuando el gobierno pide dinero prestado para crear empleos, eventualmente ese dinero se agota. Entonces debe pedir prestado más dinero y se deben recaudar más impuestos para pagar esa deuda.

No importa si es el nuevo acuerdo verde o el plan de reconstrucción de Estados Unidos lo que te están vendiendo o cómo están prometiendo nuevos empleos. Si pides dinero prestado, el dinero eventualmente se agotará y tendrás que pedir prestado más. Esto aumenta nuestra deuda y los impuestos tendrán que ser aumentados para pagarla.

No se puede usar el dinero de los impuestos para crear empleos. Tiene malas consecuencias en todo momento. No solo eleva nuestra deuda. Pero cuando el dinero se agota y no se puede pedir prestado más para mantener los empleos que se crearon. La gente será despedida.

Mantener o crear empleos usando impuestos pone una enorme carga en nuestro país. Todo lo que estás haciendo es crear más empleos en el gobierno. Conseguir que más personas dependan del gobierno. Para pagar esos empleos gubernamentales, se deben aumentar los impuestos a las empresas y a todas las personas que viven en Estados Unidos.

Así es como se pagan los empleos del gobierno en nuestro país. La clase trabajadora y las empresas deben pagar impuestos más altos para pagar los empleos del gobierno. La carga recae sobre todos nosotros, los contribuyentes. Ahora hay una razón por la que mencioné esto.

Hablemos de que te vendan una lista de bienes. El plan de reconstrucción de Estados Unidos es un proyecto de ley en el que no se le dice la verdad. Tienen agendas e impuestos ocultos allí. Estos impuestos serán pagados por todos.

Si recuerdas haber leído antes, mencioné un par de puntos. Parte del paquete incluye un programa de impuestos sobre el kilometraje del vehículo. Lo que significa que pagará la factura con cada milla que conduzca. También los hace gastar cientos de miles de millones de dólares para contratar agentes del IRS para recaudar impuestos.

Están prometiendo empleos bien remunerados a los estadounidenses. Pero esos trabajos tienen un costo. Porque quieren pedirte prestado el dinero para que esto suceda. Cualquier persona con algún sentido comercial sabe que no se puede pedir dinero prestado para crear empleos. Eventualmente debe ser devuelto.

Cree que los Gobiernos lo van a devolver? No, usted es a través de los impuestos. Cuando el dinero se agote, pedirán prestado más, eso significa impuestos más altos para usted.

Permítanme hacerles una pregunta, quién creen que se va a beneficiar del plan de reconstruir Estados Unidos? No es el pueblo estadounidense, adivinen quién es.

Son los políticos los dueños de las empresas o alguien que conocen que es dueño de las empresas que van a ser subsidiadas para hacer este trabajo a través de contratos gubernamentales. O los políticos que están recibiendo sobornos de las empresas que hacen el trabajo.

Piénsalo de esta manera. No hacen nada a menos que les beneficie. Cómo crees que algunos políticos se enriquecen tanto? Usan el dinero de sus impuestos para subsidiar sus agendas.

Veámoslo desde una perspectiva diferente. Si el plan de reconstrucción de Estados Unidos fuera tan lucrativo y hubiera dinero que ganar. Entonces, por qué las empresas no se presentan para asumir el desafío y están dispuestas a invertir el dinero para que esto suceda?

Por qué deberían hacerlo cuando pueden ser subsidiados a través de contratos gubernamentales y usar a los contribuyentes para pagar la factura y no tienen ningún riesgo? Esta acción por sí sola debería decirle que la izquierda no tiene en mente el mejor interés del contribuyente estadounidense. Se trata de que ganen poder y riqueza de tu sudor y lágrimas.

El punto detrás de esto es que te están vendiendo una lista de bienes. Mucha gente se va a hacer rica con el pueblo estadounidense. Lo pagarás con impuestos más altos de una forma u otra.

No solo eso, sino que encaja perfectamente en su plan. Cuantas más personas puedan depender del gobierno, más poder y control tendrán. Cuantas más personas dependan del gobierno, más fácil será convertir nuestro país en socialista.

Piensa en esto la próxima vez que alguien te prometa algo gratis y te diga que no te costará nada. Al final te costará tu libertad.

Derecho de voto

Una de las formas en que los estadounidenses han podido controlar cómo se dirige nuestro país es votando. A la gente le encanta votar porque les da la oportunidad de expresar su opinión. Nos hace sentir bien que estemos involucrados en decidir quién dirigirá nuestro país.

El problema es que hay personas y organizaciones que quieren cambiar la forma en que votamos. No solo están tratando de cambiar las leyes de votación. Están tratando de cambiar quién puede votar.

En las elecciones presidenciales de 2020, hubo muchos cambios en las reglas que seguramente afectaron el resultado de la votación. Las boletas por correo permitieron que más personas votaran. Uno de los problemas con esto es cómo saber quién está enviando la boleta sin forma de verificarla.

Se ha dicho que esta acción condujo a algunas trampas. No estoy aquí para decir que sucedió o no sucedió, pero deja la posibilidad abierta.

También hubo mucha represión. Algunas estaciones de noticias no decían la verdad sobre los candidatos. Las personas no obtuvieron la información correcta necesaria para ayudarlos a informar una buena decisión. Esto seguramente afectó el resultado de la votación.

Algunas personas y organizaciones quieren eliminar la verificación de votantes. Hasta donde puedo recordar, siempre hemos tenido que mostrar alguna prueba de verificación al votar. Esto permitió a los ciudadanos legales de los Estados Unidos la oportunidad de votar.

Por lo que puedo decir, necesitas una identificación para casi cualquier cosa que hagas. Entonces, por qué votar debería ser diferente? He aquí por qué, los inmigrantes ilegales pueden no tener identificaciones. Los demócratas quieren que todos voten porque sienten que les beneficia.

Quieren eliminar el registro de votantes y la verificación de votantes. Lo que esto significa es que cualquiera que se pare en suelo estadounidense puede votar. No creo que sea justo para el resto de nosotros, que alguien que no tiene residencia aquí pueda votar. No deberían poder decidir cómo se dirige nuestro país y quién lo dirigirá, cuando no tienen un interés personal en él.

Dar a todos la ciudadanía solo para que puedan votar tampoco es una buena opción. Pensaría que querríamos que la gente entrara a nuestro país, que creyera en lo que nuestro país representa, que apoyara nuestras creencias y nuestra constitución. No parece que a ciertas personas les importe eso. Todo es bueno para ellos siempre y cuando puedan obtener un voto.

Lo que esto hace es, quitarle su voto, lo suprime. Entonces, su voto ya no cuenta. Porque usted ha sido votado por personas que no tienen un interés personal o no son ciudadanos de los Estados Unidos.

Renunciar a su derecho al voto es una de las últimas cosas, creo, que querría hacer. Personalmente pensé que era importante para la mayoría de la gente mantener eso correcto.

El futuro de la votación electoral federal se verá así. Su voto ya no contará. Sin identificación o verificación de votantes, las personas serán transportadas en autobús a este país para votar. Vendrán de todas las direcciones, y sucederá.

Se amontonarán a través de las fronteras para asegurarse de que quien sea elegido los beneficie. La gente volará y votará, luego regresará a casa. Confía en mí de algunas personas y organizaciones que lo van a apoyar. Solo para que consigan a la persona que quieren en el cargo.

Ahora, esa declaración allí mismo debería darle cierta preocupación sobre la protección de la integridad de las leyes de votación en los Estados Unidos. Pero pasemos al siguiente punto.

Las elecciones estatales ya no serán justas. Porque si no tiene que probar la residencia estatal o la verificación de votantes. La gente se amontonará a través de la línea estatal y votará en su elección. Así es, tendrás personas de otros estados decidiendo quiénes son tus funcionarios electos. Imagínese si la mitad de California se presentara en sus elecciones estatales.

Así es como se ve su futuro para votar si no nos ponemos de pie y protegemos el registro y la verificación de votantes. Una vez que esto desaparezca, tendremos otros países decidiendo quiénes son nuestros funcionarios electos federales.

Sin mencionar que tendrá personas que no son residentes o ciudadanos de los Estados Unidos que eligen quiénes son sus próximos funcionarios electos. Quieren eliminar sus derechos para que los inmigrantes ilegales puedan elegir a sus próximos funcionarios electos.

Por supuesto, después de que permitamos que esto suceda, su próximo paso será deshacerse de la constitución y eliminar el voto por completo. Entonces el quién está siempre en control y la élite elegirán quién dirigirá el país. Confía en mí, elegirán a alguien que los beneficie a ellos y no a las personas.

Si no crees que así es como ellos lo quieren, estás tristemente equivocado. A los demócratas y a la élite en este país realmente no les importa lo que quieres. Quieren dirigir el país como mejor les parezca. Recuerda esta única cosa. Algunos políticos son comprados y pagados. Ahora ya sabes quién los posee.

No estoy seguro de cuándo los estadounidenses se volvieron blandos. Parece que ya nadie se preocupa por proteger a nuestro país. Simplemente permitimos que todos caminen sobre nosotros, mientras nuestros derechos y patrimonio están desapareciendo, y nuestro país se está desmoronando en todos los aspectos.

Tengo una gran idea y estoy bromeando cuando digo esto. Voy a votar como 30 o más veces. Si no tengo que demostrar quién soy o de dónde soy. Simplemente correré de un lugar a otro y votaré tantas veces como pueda. Eso debería hacer que las elecciones sean justas, heno.

Mejor aún, espere hasta que traigan en autobús a diez mil personas a su área, y voten tantas veces como puedan. Entendiste el punto.

Si no nos levantamos y protegemos nuestra constitución y derechos de voto y ponemos fin a las agendas personales y tonterías de la izquierda, ya no tendrás voz.

Por supuesto, esto es lo que quiere la izquierda. Control total sobre usted y el país. Bueno, si les permitimos cumplir con su agenda de convertir a Estados Unidos en un país socialista, no importará de todos modos. Eliminarán sus derechos de voto.

Inmigración ilegal

Ahora me doy cuenta de que la mayoría de nosotros no tenemos un problema con los inmigrantes que vienen a Estados Unidos. Creo que todos estamos de acuerdo en que si se hace bien, no tenemos ningún problema con eso. Creo que a la mayoría de los estadounidenses no les importa la diversidad.

Hay ventajas y desventajas de los inmigrantes que ingresan a nuestro país. Una de las ventajas es que conocemos a personas con diferentes orígenes, experiencias y culturas. Conozco personalmente a personas de todos los países diferentes y he disfrutado conociéndolas.

Hay muchas ventajas en la inmigración, también hay algunas desventajas. Como dije antes, no creo que nadie tenga un problema si se hace de la manera correcta. Cuando se hace de la manera correcta, podemos controlar nuestra población y presupuesto. Por lo tanto, nuestra economía no se arruina por eso.

Cuando los inmigrantes ilegales llegan a Estados Unidos, esto pone una gran carga en nuestra economía. Ahora debemos encontrar una manera de alimentar, vestir y albergar a estos individuos. Esto pone a todos en un lugar donde necesitan pagar más en impuestos.

En 2021 tuvimos una afluencia de personas que se amontonaron a través de nuestra frontera. Esto pone a Estados Unidos en riesgo por varias razones. Primero, no sabemos quiénes son estas personas. Podrían ser criminales o pandilleros, y esto seguramente afectará la tasa de criminalidad.

Luego, no sabemos si son traficantes de drogas o traen drogas a través de la frontera. Tenemos un problema lo suficientemente grande con las drogas en Estados Unidos y esto seguramente no ayudará a nuestro país.

A continuación, algunos de ellos no respetan nuestra forma de vida. Quieren venir a nuestro país y deshonrarlo o tratar de cambiar la forma en que vivimos. Nos imponen sus puntos de vista e ideales y piensan que debemos cambiar para adaptarnos a sus necesidades o creencias.

Pero el mayor problema es que ejerce una gran presión sobre nuestra economía. Debemos pagar para alimentar, vestir, educar y albergar a estos individuos. También toman nuestros trabajos. Muchos de ellos trabajan por mucho menos, lo que reduce los salarios para todos. Esto afecta nuestro nivel de vida.

Usted podría estar preguntando por qué puse esto aquí, qué tiene que ver con el socialismo. Primero, todos terminaremos pagando por esto a través de los impuestos. En segundo lugar, los demócratas que están a cargo no han hecho nada para detenerlo.

He aquí por qué. Ven a todos estos inmigrantes ilegales como votos futuros. Calculan si les dan la residencia y los cuidan con sus dólares de impuestos. Que estas personas votarán por ellos en las próximas elecciones.

No solo eso, sino que también funciona directamente en su plan de lograr que más personas dependan del gobierno. Recuerde que una forma de tomar el control de un país es lograr que la mayor cantidad de personas posible dependa del gobierno que pueda.

Una vez que consiguen que suficientes personas dependan del gobierno. Se vuelve más fácil para ellos forzar su plan contra la gente y tomar el control. Luego desmantelarán la constitución, quitarán todos sus derechos y convertirán al país en uno socialista.

Una última nota. El plan de reconstrucción de Estados Unidos tiene restitución para los inmigrantes ilegales que fueron separados de sus familiares. Da a los inmigrantes ilegales entre 450,000 y 1 millón de dólares. No tiene sentido cuando vinieron aquí ilegalmente.

Ahora Joe Biden dice que la razón de esto fue debido a las políticas fronterizas imprudentes de las últimas administraciones. Por lo que recuerdo cuando Trump era presidente, teníamos una frontera segura, y se estaba construyendo un muro para ayudar a asegurar la frontera.

Pero lo interesante es el hecho de que desde que Biden y los demócratas asumieron el cargo en 2021. La construcción del muro ha terminado y millones de personas se han inundado a través de la frontera. Parece que las únicas políticas fronterizas imprudentes son las que tienen los demócratas. Pero todavía quieren culpar a Trump por sus políticas imprudentes.

Nadie se lo cree Joe. Esa política fue creada porque Biden y el demócrata planean pagar restitución a los millones de personas que cruzaron la frontera de sus políticas imprudentes en 2021.

Encaja perfectamente en su plan de comprar votos futuros. También encaja en su plan de adelantar a Estados

Unidos. El problema es que todos pagaremos esta cuenta con nuestro dinero duramente ganado y nuestra libertad.

Socialismo Muerte de América

El socialismo será la muerte de Estados Unidos. Entonces, esto es lo que hemos aprendido sobre vivir en un país socialista controlado por el gobierno.

Hemos descubierto que dejar de ser un país capitalista e imponer impuestos y regulaciones más altos a las empresas no funciona. O bien aumentan los precios, lo que causa inflación, despiden empleados, dejan de contratar, abandonan el país o cierran el negocio. Esto deja al país en una situación sombría.

Hemos descubierto que las pequeñas empresas que quedan, no sobrevivirán debido a la carga fiscal y las regulaciones que se les han impuesto. Esto significa que muchos de ellos cerrarán.

Debido a esta acción, hemos descubierto que muchas más personas vivirán en la pobreza. No habrá puestos de trabajo disponibles y una vez que su desempleo se agote. No tendrá ingresos y sus probabilidades de encontrar un nuevo trabajo serán mínimas. Porque las empresas se irán o no contratarán.

Nuestra desaparición personal comenzará pagando impuestos más altos de lo que hemos visto. Porque la carga de mantener la economía en marcha recaerá sobre los contribuyentes. Pagará tanto en impuestos que su nivel de vida se reducirá a niveles de pobreza.

No importa qué tipo de impuesto sea o a qué impuesto se imponga. Todos serán responsables de pagar impuestos más altos para apoyar todos los programas gubernamentales.

Tendrá menos dinero en su cheque de pago para hacer las cosas que desea hacer. Será difícil incluso comprar artículos de primera necesidad. Esto afectará la forma de vida y el nivel de vida de todos. Sin mencionar la actitud y la perspectiva de la vida de todos.

Las cosas que compres estarán a precios más altos debido a la inflación. Esto significa que cualquier dinero que le quede en su cheque de pago comprará menos. Esto también dificultará la compra de las necesidades que necesita y reducirá su nivel de vida.

Cuando ya no puedan gravar su cheque de pago, comenzarán a atacar las cuentas de ahorro y jubilación de todos. Ya sea que aumenten los impuestos sobre sus retiros debido a su nivel de ingresos o eliminen las deducciones. Encontrarán una manera de que usted pague más.

Hemos descubierto que atacarán las ganancias de capital. Esto significa que pagará más impuestos sobre la venta de su casa, activos, inversiones financieras, bienes raíces, bienes personales o bienes de colección.

Ahora podría seguir hablando de impuestos, pero creo que entendimos el punto. El gobierno va a encontrar una manera de gravarlo. No importa si está creando nuevos impuestos o reestructurando la forma en que pagamos impuestos sobre los impuestos que ya pagamos. Encontrarán una manera.

Nuestra economía eventualmente colapsará debido a la alta carga impositiva que se ha impuesto a los contribuyentes. Por qué, porque todos tendrán menos dinero disponible para comprar cosas. No solo tendremos menos dinero para comprar cosas, sino que también tendremos menos para invertir. Todo esto causa un colapso en la economía.

Esto es solo una parte del problema que tienes, cuando tienes un gobierno que quiere controlar un país y convertirlo en uno socialista. Eventualmente, bajo el socialismo toman el control de todo.

Esto significa que ordenan o controlan todo en Estados Unidos. Recaudan todos los ingresos y el dinero que entra. Esto incluye empresas y sus activos personales. Luego deciden cómo y dónde gastar ese dinero. Estarán regulando y dirigiendo las empresas que quedan.

Ahora bien, esto debería preocuparte por un par de razones. Primero, el gobierno ni siquiera puede ejecutar un programa de atención médica que funcione. Diablos, la mayoría de los programas gubernamentales están en ruinas. Ni siquiera pueden evitar que las barcazas se acumulen frente a la costa de California. Cómo diablos van a dirigir todo un país.

Creo que se está haciendo una idea de cómo se dirigirá nuestro país al presenciar lo que está sucediendo en 2021. Si esto es lo que parece, todos estamos en problemas. Pero sigamos adelante.

El gobierno estará controlando todo. Esto incluye cuánto dinero te van a dar para vivir. Créeme que solo te van a dar lo suficiente para sobrevivir. Porque la Constitución ha sido desmantelada o tirada a la basura. Lo más grande que vas a perder son todos tus derechos.

Ellos tomarán todas las decisiones. Entonces, exploremos cómo será tu vida ahora que dependes del gobierno para todo. Recuerda que solo te van a dar suficiente dinero para sobrevivir.

Ahora que te controlan hablemos de dónde vas a vivir. Porque todo será vivienda del gobierno. Regularán el mercado de la vivienda. Esto significa que se verá obligado a vivir cerca de su trabajo para reducir los gastos porque el gobierno está pagando las facturas.

Así es, ya no podrás decidir dónde quieres vivir. Si no le gusta dónde deben ir sus hijos a la escuela. Oh, lástima, no tendrás esa opción. Si no te gusta el vecindario, vives en él. Ah, lástima. No tendrás otra opción.

A usted y a su familia les gusta irse de vacaciones periódicamente? Te gusta ir a una cabaña o visitar un lago y hacer algo de pesca o deportes acuáticos? Bueno, no podrás permitirte hacer eso. Solo pregúntele a cualquiera que esté en el bienestar cómo es su estilo de vida. Porque el dinero que te dan será como si estuvieras viviendo en un programa de asistencia social.

Te gusta comprar un coche nuevo de vez en cuando? No tendrás esa opción. Primero, no puede permitirse comprar uno. El gobierno decidirá cuándo obtienes un vehículo y qué tipo de vehículo será. Si te permiten tener uno.

Qué tal salir a comer o comprar artículos de lujo? Disfrutas haciendo eso? Bueno, todo eso será cosa del pasado. Será difícil pagar las necesidades normales, y mucho menos comprar artículos de lujo.

La economía en un país socialista será sombría. No habrá crecimiento económico o será lento y habrá menos oportunidades.

Crea una falta de motivación por parte de los individuos debido a menores recompensas. Ya tenemos un problema en el que muchas personas no quieren trabajar y quieren vivir del gobierno.

El socialismo se basa en el esfuerzo cooperativo del pueblo para trabajar. Todo el mundo confía en el gobierno para todo. A las personas no se les permite poseer activos. Esto incluye sus cuentas de ahorro y jubilación. todo pertenece al gobierno.

Entonces se le da un trabajo que hacer y no se le permite cambiar sin consentimiento. Esto significa que trabajarás en un trabajo que no puedes elegir o disfrutar.

Habrá menos innovación y producción que se produce debido a la falta de interés. Tu actitud y perspectiva de la vida será terrible porque tienes un trabajo que no disfrutas hacer. No estarás motivado, porque no hay recompensas por tratar de tener éxito.

Sin mencionar que para las personas que trabajan, se pondrá una gran carga sobre usted para ayudar a pagar a las personas que deciden que no quieren trabajar.

Esto significa que no le quedará mucho en su cheque de pago, debido a los altos impuestos. Porque debes ayudar a pagar todos los programas gubernamentales para la clase no trabajadora, los programas gubernamentales y para mantener el país en funcionamiento.

Todo esto seguramente afectará tu actitud, tu motivación y tu perspectiva de la vida. Una vez que todas tus libertades se han ido y te ves obligado a vivir en una situación sombría. Tu lujuria por la vida, tu voluntad y tu deseo de vivir una vida plena y feliz son destruidos.

Lo peor que le puedes hacer a una persona es quitarle su autoestima. Esto es lo que sucede en un país socialista propiedad del gobierno. Tu vida se degrada a un punto sombrío en el que pierdes toda tu dignidad, tu respeto, tu voluntad y tu deseo de vivir una vida plena y feliz.

Ahora bien, algunos de estos ejemplos pueden ser socialismo extremo, pero incluso bajo el socialismo normal serás gravado tan alto que no serás capaz de hacer las cosas que quieres hacer. Simplemente no le quedará suficiente en su cheque de pago.

Una cosa en la que pensar. Todo comienza con tomar el control y convertir el país en socialismo moderado. El problema es que nuestro gobierno nunca deshace nada y tiende a ir al extremo. El punto es que comenzarán moderados, te harán creer en ello. Una vez que lo hayas comprado. Luego irán al socialismo extremo.

Creo que entendiste el punto, y no necesito continuar. Durante el libro cubrí muchas cosas y creo que te hiciste una idea de lo que será vivir en un país propiedad del gobierno o socialista. Creo que también entendiste el punto sobre cómo te están mintiendo también y cuál es su agenda.

Bajo el socialismo tendrás una vida en la que solo sobrevivirás y no la disfrutarás.

Ahora muchas personas se cansarán de sobrevivir y no vivir una vida plena o hacer las cosas que solían hacer. Querrán tratar de cambiar las cosas. Buena suerte. La constitución fue destrozada y desechada, lo que te quitó todos tus derechos a vivir libre y tomar tus propias decisiones.

Al elegir el control del gobierno y el socialismo, ahora solo estás sobreviviendo en un país donde renunciaste a tu elección de ser libre y tomar tus propias decisiones.

Ahora eres propiedad del gobierno.

Deseo a todos la mejor de las suertes en el futuro socialista.

Información del autor

Gracias por tomarse el tiempo para leer mi libro.

Si quieres algo de fe religiosa de que Dios es real, es posible que desees revisar mi libro, Mensajes de Dios

Si tienes algún aporte o tema, quieres que lo discuta en mi libro. Puedes contactarme en.

billygrinslott@gmail.com

Por favor, ayude difundiendo la palabra sobre este libro. Se me agradecería mucho.

Si pudieras tomarte el tiempo para darme una buena reseña. Sería muy de agradecer.

Gracias.

Billy Grinslott

Made in the USA
Monee, IL
04 November 2026

67375828R00066